Tirso de Molina

¿Tan largo me lo fiáis?

Créditos

Título original: ¿Tan largo me lo fiáis?

© 2024, Red ediciones S.L.

e-mail: info@linkgua.com

Diseño de cubierta: Michel Mallard.

ISBN tapa dura: 978-84-9897-257-3.
ISBN rústica: 978-84-9816-601-9.
ISBN ebook: 978-84-9897-172-9.

Cualquier forma de reproducción, distribución, comunicación pública o transformación de esta obra solo puede ser realizada con la autorización de sus titulares, salvo excepción prevista por la ley. Diríjase a CEDRO (Centro Español de Derechos Reprográficos, www.cedro.org) si necesita fotocopiar, escanear o hacer copias digitales de algún fragmento de esta obra.

Sumario

Créditos _____ 4

Brevísima presentación _____ 7
   La vida _____ 7

Personajes _____ 8

Jornada primera _____ 9

Jornada segunda _____ 47

Jornada tercera _____ 93

Libros a la carta _____ 135

Brevísima presentación

La vida

Tirso de Molina (Madrid, 1583-Almazán, Soria, 1648). España.
Se dice que era hijo bastardo del duque de Osuna, pero otros lo niegan. Se sabe poco de su vida hasta su ingreso como novicio en la Orden mercedaria, en 1600, y su profesión al año siguiente en Guadalajara. Parece que había escrito comedias y por entonces viajó por Galicia y Portugal. En 1614 sufrió su primer destierro de la corte por sus sátiras contra la nobleza. Dos años más tarde fue enviado a la Hispaniola (actual República Dominicana) y regresó en 1618. Su vocación artística y su actitud contraria a los cenáculos culteranos no facilitó sus relaciones con las autoridades. En 1625, el Concejo de Castilla lo amonestó por escribir comedias y le prohibió volver a hacerlo bajo amenaza de excomunión. Desde entonces solo escribió tres nuevas piezas y consagró el resto de su vida a las tareas de la orden.

Personajes

El rey de Castilla
Don Gonzalo de Ulloa
El embajador Don Pedro Tenorio
Don Juan Tenorio
Catalinón
Una Pescadora
Batricio
El duque Octavio
Marqués de la Mota
Isabela, duquesa
Arminta
Belisa
Doña Ana, criada
El rey de Nápoles
Una Pastora
Alfredo
Tirseo
Soldado II
Criados
Músicos

Jornada primera

Salen Isabela, duquesa, y Don Juan Tenorio, de noche.

Isabela   Salid sin hacer ruido,
               Duque Octavio.

Don Juan   El viento soy.

Isabela   Aun así temiendo estoy
               que aquí habéis de ser sentido;
               que haberos dado en Palacio   5
               entrada de aquesta suerte,
               es crimen digno de muerte.

Don Juan   Señora, con más espacio
               te agradeceré el favor.

Isabela   Mano de esposo me has dado,   10
               Duque.

Don Juan   Yo en ello he ganado.

Isabela   El aventurar mi honor,
               Duque, desta suerte ha sido
               segura, con entender
               que mi marido has de ser.   15

Don Juan   Digo que soy tu marido,
               y otra vez te doy la mano.

Isabela   Aguárdame, y sacaré
               una luz, para que dé
               de la ventura que gano   20

	fe, Duque Octavio. ¡Ay de mí!	
Don Juan	Mata la luz.	
Isabela	¡Muerta soy! ¿Quién eres?	
Don Juan	Un hombre soy que aquí ha gozado de ti.	
Isabela	¿No eres el Duque?	
Don Juan	Yo no.	25
Isabela	Pues di ¿quién eres?	
Don Juan	Un hombre.	
Isabela	¿Tu nombre?	
Don Juan	No tengo nombre.	
Isabela	Este traidor me engañó. ¡Gente, criados!	
Don Juan	Detente.	
Isabela	Mal un agravio conoces.	30
Don Juan	No des voces.	
Isabela	Daré voces. ¡Ah del Rey, soldados, gente!	

Sale El rey de Nápoles. Dichos.

El rey de Nápoles	¿Qué es esto?
Isabela	¡Favor! ¡Ay triste, que es el Rey!
El rey de Nápoles	¿Qué es?
Don Juan	¿Qué ha de ser? Un hombre y una mujer. 35
El rey de Nápoles	(Aparte.) (Esto en prudencia consiste, quiero el daño remediar.)

Sale el embajador de España y criados. Dichos.

Don Pedro	¡En tu cuarto, gran señor, voces! ¿Quién causa el rumor?
El rey de Nápoles	Haced prender y matar 40 ese hombre y esta mujer.
Don Pedro	¿Quién son?
El rey de Nápoles	No es bien conocellos, porque si aquí llego a vellos no me queda más que ver. Pues me venzo y me resisto, 45 vosotros no me incitéis, que en estos que ver queréis sin verlos mi ofensa he visto. Don Pedro Tenorio, a vos

	esta prisión os encargo;	50
	si ando corto, andad vos largo,	
	ved quién son esos dos.	

(Vase.)

Dichos menos el Rey.

Don Pedro	Daos a prisión, caballero.	
Don Juan	No llegue ninguno a mí,	
	si morir no quiere aquí.	55
Don Pedro	Matadle.	
Don Juan	La muerte espero	
	por la punta desta espada.	
	Llegad a comprar mi vida,	
	que ha de ser tan bien vendida	
	como de todos comprada.	60
Don Pedro	¡Matadle!	
Don Juan	¡Qué mal lo adviertes!	
	Las fieras puntas desvía:	
	considera que la mía	
	ha de costar muchas muertes.	
	A muerte estoy condenado,	65
	y, pues es cierta mi muerte,	
	matándoos de aquesta suerte	
	moriré más consolado.	
	Que he de vender deste modo	
	mi vida, os quiero advertir,	70
	y pues sé que he de morir,	

	quiero aquí morir por todo.	
Soldado II	¡Muere, vil!	
Don Juan	¿Quién os engaña? Ved que caballero soy.	
Don Pedro	Rabiando de enojo estoy.	75
Don Juan	El Embajador de España llegue solo, que a él no más, pues es forzoso el morir, mi espada quiero rendir.	
Don Pedro	Agora más cuerdo estás. Todos con esa mujer a ese cuarto os retirad.	80
Isabela	Tal traición, tan gran maldad, ¿en hombre pudo caber? Diré quién soy, mas mi agravio a voces dirá quién soy, pues hoy sin honor estoy, y estoy sin el Duque Octavio.	85

(Vanse.)

Don Pedro y Don Juan Tenorio.

Don Pedro	Ya estamos solos los dos; muestra aquí tu esfuerzo y brío.	90
Don Juan	Aunque tengo esfuerzo, tío, jamás le tuve con vos.	

Don Pedro	¿Quién eres?
Don Juan	Don Juan.
Don Pedro	¿Don Juan?
Don Juan	Sí, señor.
Don Pedro	¿De aquesa suerte lo dices?
Don Juan	Dame la muerte, 95 y mis desdichas tendrán fin en tus manos.
Don Pedro	¡Traidor alevoso! No imagino que eres, don Juan, mi sobrino, porque no tienes honor. 100 ¿Tú, con dama en el Palacio del Rey, y en ofensa mía haces tal alevosía?
Don Juan	Mi culpa no pide espacio; tío, si me has de prender, 105 préndeme, llévame preso, y advierte que aqueste exceso por amor se pudo hacer. Amor es una cautela, y es ciego y loco quien ama. 110
Don Pedro	¿Quién es la dama?

Don Juan	Es la dama...
Don Pedro	Prosigue; ¿quién?
Don Juan	Isabela.
Don Pedro	¿La camarera?
Don Juan	Señor, sí, que por el Duque Octavio la engañé.
Don Pedro	Mayor agravio 115 y desventura mayor. Tu padre desde Castilla a Nápoles te envió por insufrible, y te dio cárcel la espumosa orilla 120 del mar de Italia, causando mil escándalos en ella, no reservando doncella, ni casada reservando. Ya no te sufre la tierra, 125 y estoy por matarte aquí; pero como veo en ti sangre que mi pecho encierra, por fuerza te he de librar. ¿Tienes por dónde escaparte? 130
Don Juan	Aquí está un balcón.
Don Pedro	Colgarte puedes por él y bajar al suelo.

Don Juan	Aunque está muy alto, por la capa bajaré.	
Don Pedro	Baja, pues, porque no esté el Rey con más sobresalto, que yo diré que te echaste por una ventana, huyendo de mí.	135
Don Juan	Ya va amaneciendo.	
Don Pedro	Pues tú este daño causaste, pon remedio en él, partiendo de Nápoles luego a España, que si agora el Rey se engaña de la suerte que pretendo, con la duquesa Isabela, si puedo, te casaré, para que pagues con fe lo que hiciste con cautela.	140

145 |
Don Juan	En todo, señor, me honráis.	
Don Pedro	Pues vete con Dios, y advierte que hay castigo, infierno y muerte.	150
Don Juan	¿Tan largo me lo fiáis...?	
Don Pedro	Esa presunción te engaña. Llega, si es éste el balcón.	
Don Juan	Con tan larga pretensión glorioso me parto a España.	155

(Vanse.)

Sale el Rey.

El rey de Nápoles	Envidian las coronas de los reyes
	los que no saben la pensión que tienen,
	Y mil quejas y lástimas previenen,
	porque viven sujetos a sus leyes. 160
	Pero yo envidio los que guardan bueyes,
	y en cultivar la tierra se entretienen,
	que aunque de su trabajo se mantienen,
	ni agravios lloran ni gobiernan greyes.
	Porque, aunque con más ojos que Argos vivan, 165
	y miren por la espalda y por el pecho
	los reyes, no proceden como sabios
	si del oír con el mirar se privan:
	que un rey siempre ha de estar orejas hecho,
	oyendo quejas y vengando agravios. 170

Sale Don Pedro, Tenorio. Dichos.

Don Pedro	Ejecutando, señor,
	lo que mandó vuestra Alteza,
	el hombre...
El rey de Nápoles	¿Murió?
Don Pedro	Escapose.
El rey de Nápoles	¿Qué decís?
Don Pedro	¡Quién lo creyera!
	Di con la guarda sobre él, 175

17

	y él con la misma fiereza	
	que un hombre desesperado	
	siempre en tales casos muestra,	
	juzgando flacas aristas	
	las valientes puntas nuestras,	180
	con la suya se metía	
	haciendo notable ofensa.	
	Di voces, ¡muera! ¡Matadle!,	
	y enlazando en una reja	
	la capa, fue en el caer	185
	Luzbel como en la soberbia.	
	Acudí, y vi con la Luna	
	un hombre que por la tierra	
	llevaba el pecho arrastrando	
	como la cauta culebra.	190
	Di voces, y en la distancia	
	que tardé en tomar la puerta,	
	el que arrastrando huía,	
	corrió con tal ligereza	
	que no pareció jamás;	195
	y no habiendo casa abierta,	
	pareció cosa imposible	
	que escapárseme pudiera.	
	Y porque lo que está oculto	
	en la corte no se sepa,	200
	excusando el alboroto,	
	excusé las diligencias.	
El rey de Nápoles	Mostrastes, Embajador,	
	vuestra cordura y prudencia;	
	pero mucho me ha pesado	205
	de que el hombre no muriera.	
	¿Y sabéis quién es la dama?	

Don Pedro	Es, gran señor, la Duquesa Isabela.	
El rey de Nápoles	¿Qué decís?	
Don Pedro	Lo que escucha vuestra Alteza.	210
El rey de Nápoles	Pues el hombre es de importancia, y es más pesada la ofensa. Id por ella.	
Don Pedro	Ya la guarda viene, gran señor, con ella.	

Sale Isabela. Dichos.

Isabela	¡Con qué ojos veré al Rey!	215
El rey de Nápoles	Ya estoy corrido de verla.	
Isabela	Amor, dame aquí tus ojos, ya que me diste tu venda.	
El rey de Nápoles	Duquesa.	
Isabela	Señor, confieso mis culpas y mis ofensas; mas sírvame de castigo el verme en vuestra presencia. Profané vuestro Palacio; discúlpenme Troya y Grecia, si hay disculpa, gran señor, bastante en tanta bajeza. El Duque Octavio me dió	220

225 |

	mano de esposo, y con ella	
	le di entrada y le di el alma	
	y la más costosa prenda.	230
	Perdóname las palabras	
	si las obras consideras,	
	que al punto que no fui casta	
	a ese mismo no fui honesta.	
El rey de Nápoles	¿Qué, aquél era el Duque Octavio?	235
Isabela	Sí, señor.	
El rey de Nápoles	Al Duque prendan	
	con diligencia y cuidado,	
	y a esa mujer llevad presa.	
Isabela	Gran señor: volvedme el rostro.	
El rey de Nápoles	Ofensa a mi espada hecha	240
	es justicia y es razón	
	castigarla a espalda vuelta.	
(Vase el Rey.)		
Don Pedro	Su Alteza está justamente	
	sentido de Vuexcelencia.	
Isabela	No será tan grande el yerro	245
	si el Duque Octavio lo enmienda.	
Don Pedro	Vamos, señora.	
Isabela	¡Ay amor!	
	Ya que me engañaste a ciegas,	

	en este engaño me ayuda	
	y en esta traición me esfuerza.	250
Don Pedro	Si puedo, yo haré que al Duque	
	le disculpe su inocencia,	
	y que Don Juan, mi sobrino,	
	se case con Isabela.	

(Vanse.)

Sale el duque Octavio y criados.

Criado I	Tan de mañana, señor,	255
	te levantas.	
El duque Octavio	No hay sosiego	
	a la inclemencia de amor,	
	porque si es fuego, del fuego	
	nace el incendio mayor.	
	¿No habéis visto entre las olas,	260
	cuando sus cerúleas colas	
	bate el mar agonizando	
	un derrotado, tragando	
	el mar entre espumas solas?	
	Pues así yo, mar haciendo	265
	la cama en la noche fría,	
	me he anegado, padeciendo,	
	en viendo la luz del día,	
	del mar he escapado huyendo.	
Criado I	Pues si te adora Isabela,	270
	no tienes que recelar,	
	que, aunque amor todo es cautela,	
	jamás te vendrá a olvidar,	

	porque en tu amor se desvela.	
	vive cuando estás presente;	275
	de tus colores se viste;	
	siempre tus disgustos siente;	
	triste está si tú estás triste	
	y muerta si estás ausente.	
	Pues si está en tu voluntad	280
	la suya, ¿qué te desvela?	

El duque Octavio   No hay, amigo, aunque es verdad,
que sí me adora Isabela,
en amor, seguridad.
Es al tiempo semejante   285
el amor, y no te espante
que tema en la Primavera
invierno quien considera
en el creciente y menguante.

(Sale un criado.)

Criado II (Saliendo.)   El Embajador de España,   290
a quien gallardo acompaña
la guarda del Rey, se apea
en el zaguán, y desea,
con ira y fiereza extraña,
hablarte, y debe de ser   295
para prenderte.

El duque Octavio   ¿Prender?
¿Por qué? Temer es locura,
que una conciencia segura
no tiene de qué temer.
Dejadle entrar.

Sale el embajador y gente. Dichos.

Don Pedro	Quien así	300
	con tanto descuido duerme,	
	sin culpa está.	
El duque Octavio	Cuando a mí	
	a honrarme y favorecerme	
	Vueseñoría ha venido,	
	delito es no haber salido	305
	a la calle a recebir	
	tal merced.	
Don Pedro	Fuerza es venir.	
El duque Octavio	Bien se ve que fuerza ha sido;	
	porque mi casa no tiene,	
	señor, el merecimiento	310
	que a tal grandeza conviene;	
	pero este humilde aposento	
	mi voluntad os previene.	
Don Pedro	Después, señor, de besar	
	vuestras manos, si lugar	315
	nos da tanto caballero,	
	aquí a solas con vos quiero	
	cierto negocio tratar.	
El duque Octavio	Dadnos lugar.	
Criado I	En buen hora.	
El duque Octavio	La cámara despejad.	320

Criado II	Digo que es prisión.
Criado I	Ahora echo de ver que es verdad.
Criado II	Mucho una envidia desdora.
(Vanse.)	
El duque Octavio	Ya estamos solos.
Don Pedro	Pues vea Vuexcelencia este papel. 325
El duque Octavio	Pendiente está el alma dél, como el suceso desea.
(Lee.)	«Prenderéis al Duque Octavio, y si se resiste, muera. Yo el Rey.» ¡Prender! ¿Por qué agravio? 330
Don Pedro	Si el alma la causa espera, callar es acción de sabio. Sabed que en Palacio ha habido esta noche un alboroto desabrido para el Rey, 335 para el pueblo, escandaloso. Cuando los negros gigantes, mostrando funestos toldos, ya del crepúsculo huían unos tropezando en otros, 340 estando yo con su Alteza tratando ciertos negocios, porque antípodas del Sol son siempre los poderosos,

voces de mujer oímos, 345
cuyos ecos medio roncos
por los artesones sacros
nos repitieron ¡socorro!
Sin darme licencia a mí,
tomó una luz el Rey solo, 350
y saliendo a ver quién era,
como gallardo, brioso,
vio que en el salón estaban
las causas deste alboroto.
Salí con el capitán 355
de la guarda, y con él todos
los nobles que le acompañan,
haciendo, Duque, lo propio.
Prended ese hombre y mujer,
nos dijo, y queriendo pronto 360
conocerlos con la luz,
la desvaneció de un soplo.
Dimos sobre el hombre, llenos
de lisonjeros enojos,
que en la muerte las lisonjas 365
hacen su oficio más propio;
mas él, como suele en Libia
tras el cazador famoso
salir la parida tigre,
se escapó de entre nosotros, 370
y huyendo por un balcón
se nos fue, y nos fue forzoso,
por no alborotar la corte,
dejarle; y volviendo todos
a dar cuenta desto al Rey, 375
para darla de nosotros,
la mujer, que es Isabela,
que para admirarte nombro,

	en la presencia del Rey,	
	con lágrimas y sollozos,	380
	dijo que era el Duque Octavio	
	el que con nombre de esposo	
	de su honor había gozado,	
	estimándola en tan poco.	
	Mandola el Rey llevar presa	385
	y manda que haga lo propio	
	con vos. Vuestro amigo soy:	
	huid, o poneos en cobro.	
El duque Octavio	Pienso que os estáis burlando,	
	o pienso, amigo, que os oigo	390
	en sueños. ¿Con Isabela	
	hombre en Palacio? Estoy loco.	
	Primero las salamandras	
	verán los cóncavos hondos	
	del mar, y serán los peces	395
	y el fuego mar proceloso,	
	que de Isabela imagine	
	traición; y me afrento y corro	
	de oíros. ¿Con Isabela	
	hombre en Palacio? Estoy loco.	400
Don Pedro	Como es verdad que hay estrellas,	
	del cielo brillantes ojos;	
	muerte, vida, pena, gloria,	
	bien, mal, contentos y enojos,	
	así es verdad que Isabela	405
	con vos, señor, o con otro,	
	esta noche en el Palacio	
	la hemos hallado todos.	
El duque Octavio	Dejadme, no me digáis	

	tan gran maldad de Isabela;	410
	mas si fue su amor cautela,	
	mal hacéis si lo calláis.	
	Proseguid, que me matáis	
	dulcemente en mi porfía,	
	que es vuestra lengua sangría,	415
	y la muerte no se siente,	
	que morir tan dulcemente	
	lisonja a mi mal sería.	
	¿Con otro hombre, y no conmigo	
	Isabela en el Palacio?	420
	Mi mal no consiente espacio:	
	¡muera el villano enemigo!	
	Pero ¿qué intento? ¿Qué digo?	
	¿Qué a locuras me provocó?	
	Y aun el sentimiento es poco	425
	si el alma en él se consuela.	
	Amigo, ¿con Isabela	
	hombre en Palacio? Estoy loco.	
	Embarcarme quiero a España	
	y dar a mis dichas fin.	430
Don Pedro	Por la puerta del jardín	
	Duque, esta prisión se engaña.	
El duque Octavio	¡Ah veleta! ¡Ah débil caña,	
	fácil al viento más poco!	
	Ya extrañas provincias toco,	435
	huyendo de tu cautela.	
	Reino, adiós. ¿Con Isabela	
	hombre en Palacio? Estoy loco.	

(Vanse.)

Sale la Pescadora.

Pescadora   Yo, de cuantas el mar
pies de jazmín y rosas   440
en sus riberas pisan
matizadas alfombras
en pequeñuelo esquife,
ya en compañía de otras
tal vez al mar le peino   445
la cabeza espumosa;
Ya con la sutil caña
que el débil peso dobla
del tierno pececillo
que el mar, pescado, azota.   450
Sola de amor exenta
como en ventura sola,
tirana me entretengo
de sus prisiones locas.
Que en juveniles años,   455
amor, no es suerte poca
no ver entre estas redes
las tuyas amorosas.
Anfriso, un pescador
a quien los cielos dotan   460
de gracia y bizarría,
más que a los de la costa,
me sirve y me entretiene,
y yo todas las horas
le mato con desdenes;   465
de amor condición propia,
querer donde aborrecen
despreciar donde adoran
Mis pajizos umbrales,
que heladas noche ronda,   470

cubiertos amanecen
de flores sin lisonjas.
Pero, necio discurso
que mi ejercicio estorbas,
tirano no me ocupes   475
en cosa que no importa
Quiero entregar la caña
al viento, y a la boca
del pececillo el cebo.
Pero al agua se arrojan   480
dos hombres de una nave
que el mar escollo azota,
que sobre aguada viene
antes que el mar la sorba.
Un hombre al otro aguarda,   485
que dice que se ahoga.
¡Gallarda bizarría!
En los hombros lo toma.
Anquises se hace Eneas,
si el mar está hecho Troya,   490
Ya, nadando, las aguas
con valentía corta.
Daré voces: «Anfriso,
Tirseo, Alfredo, hola.»
Pescadores me miran: 495
ruego a Dios que me oigan.
Mas milagrosamente
ya tierra los dos toman
sin aliento el que nada,
con vida el que le estorba.   500

Salen Don Juan Tenorio y Catalinón.

Catalinón   ¡Válgame la Cananea

    y qué salado es el mar!
    Aquí puede bien nadar
    el que salvarse desea,
    que allá dentro es desatino,   505
    donde la muerte se fragua.
    Donde Dios juntó tanta agua
    ¿no juntara tanto vino?
    Agua, y salada, extremada
    cosa para quien no pesca: 510
    si es mala aun el agua fresca,
    ¿qué será el agua salada?
    ¡Ah! ¡Quién hallara una fragua
    de vino, aunque algo encendido!
    Si del agua que he bebido   515
    hoy escapo, no más agua.
    Desde hoy abrenuncio della,
    que la devoción me quita
    tanto, que aun agua bendita
    no pienso ver por no vella.   520
    ¡Ah señor!, helado y frío
    está: ¿si estará ya muerto?
    Del mar fue este desconcierto
    y mío este desvarío.
    ¡Mal haya aquel que primero   525
    pinos en el mar sembró
    y el que sus rumbos midió
    con quebradizo madero!
    ¡Maldito sea Jasón,
    y Tifis maldito sea!   530
    Muerto está; no hay quien lo crea;
    ¡mísero Catalinón!
    ¿qué he de hacer?

Pescadora   Hombre, ¿qué tienes?

Catalinón	En desventuras iguales,	
	Pescadora, muchos males,	535
	y falta de muchos bienes.	
	Veo, por librarme a mí,	
	sin vida a mi señor; mira,	
	qué he de hacer.	
Pescadora	No, que aun respira.	
Catalinón	Dichoso soy si es ansí.	540
Pescadora	Ve y llama los pescadores	
	que en aquella choza están.	
Catalinón	Y si los llamo, ¿vendrán?	
Pescadora	Vendrán luego, no lo ignores.	
	¿Quién es este caballero?	545
Catalinón	Es hijo aqueste señor	
	del Camarero mayor	
	del Rey, por quien ser espero	
	antes de diez días Conde	
	en Sevilla, adonde va,	550
	y adonde su Alteza está,	
	si a mi amistad corresponde.	
Pescadora	¿Cómo se llama?	
Catalinón	Don Juan	
	Tenorio.	
Pescadora	Llama mi gente.	

(Vase.)

Catalinón   Yo voy.

Pescadora y Don Juan.

Pescadora   Mancebo excelente,   555
                     noble, bizarro, galán:
                     volved en vos, caballero.

Don Juan   ¿Dónde estoy?

Pescadora   Ya podéis ver,
                     en brazos de una mujer.

Don Juan   Vivo en vos, si en el mar muero,   560
                     y en estos extremos dos,
                     veo el mar manso y cruel
                     pues cuando moría en él,
                     me sacó a morir en vos.
                     O sin duda el mar ordena   565
                     tras del suyo otro pesar,
                     pues sacándome del mar,
                     vengo a dar en su sirena.
                     Y puesto que lo seáis,
                     no pretendo a vuestras quejas   570
                     poner cera en mis orejas,
                     pues con los ojos matáis.
                     Ya muero en vos, que consiente
                     amor que seáis mi mar,
                     pues veis que hay de mar a amar   575
                     una letra solamente,
                     y en ver tormentos mayores,

	crece amor en mis pesares;	
	y si moría de mares,	
	desde hoy moriré de amores.	580
	Y pues tan dulce rigor	
	en vos he llegado a hallar,	
	dejadme volver al mar	
	para huir del mar de amor.	

Pescadora   Muy grande aliento tenéis   585
               para venir sin aliento
               y tras de tanto tormento
               muy gran contento ofrecéis.
               Parecéis caballo griego
               que el mar a mis pies desagua,   590
               pues venís formado de agua
               y estáis preñado de fuego.
               Y si mojado abrasáis,
               estando enjuto ¿qué haréis?
               Mucho fuego prometéis;   595
               ruego a Dios que no mintáis.

Don Juan   A Dios, zagala, pluguiera
               que en el agua me anegara,
               sin que della me escapara
               al fuego que en vos me espera,   600
               que amor, bien considerado
               con este daño entendió,
               en el mar antes me aguó
               y ardo en vos estando aguado.
               En agua abrasado llego,   605
               que tal vuestro incendio ha sido,
               que aun el agua no ha podido
               librarme de vuestro fuego.

Pescadora	¿Tan helado os abrasáis?	
Don Juan	Tanto fuego en vos tenéis.	610
Pescadora	Mucho habláis.	
Don Juan	Mucho encendéis.	
Pescadora	Ruego a Dios que no mintáis.	

Salen los pescadores y Catalinón. Dichos.

Catalinón	Ya vienen todos aquí.	
Pescadora	Ya está tu dueño vivo.	
Catalinón	Con tu presencia recibo todo el gusto que perdí.	615
Anfriso	¿Qué es lo que mandas, Tisbea? Que por labios de clavel no lo habrás mandado a aquel que idolatrarte desea apenas, cuando al momento, sin reservar llano o sierra, surque el mar, are la tierra, tale el fuego y pare el viento.	620
Pescadora	¡Oh, qué mal me parecían estos requiebros ayer y hoy echo en ellos de ver que sus labios no mentían! Estando, amigos, pescando sobre este peñasco, vi	625 630

	hundirse una nao y allí,	
	entre las ondas nadando,	
	dos hombres, y compasiva	
	di voces, que nadie oyó	
	y en tanta aflicción llegó,	635
	libre de la furia esquiva	
	del mar, sin vida a la arena,	
	déste en los hombros cargado,	
	este hidalgo, ya anegado,	
	y envuelta en tan triste pena	640
	a llamaros envié.	
Tirseo	Pues aquí todos estamos;	
	manda que en tu gusto hagamos	
	lo que pensado no fue.	
Pescadora	Que a mi choza los llevemos	645
	quiero, donde, agradecidos,	
	enjuguemos sus vestidos,	
	y a ellos los regalemos,	
	que mi padre gusta mucho	
	desta debida piedad.	650
Catalinón	Extremada es su beldad.	
Don Juan	Escucha aparte.	
Catalinón	Ya escucho.	
Don Juan	Si te pregunta quién soy,	
	di que no sabes.	
Catalinón	¡A mí	
	quieres advertirme aquí	655

	lo que he de hacer!	
Don Juan	Muerto voy por la hermosa pescadora; esta noche he de gozalla.	
Catalinón	¿De qué suerte?	
Don Juan	Ven y calla.	
Alfredo	Salucio: dentro de una hora los pescadores prevén que cantan y bailan.	660
Salucio	Vamos, esta noche nos hagamos rajas y paños también.	

(Vanse.)

Quedan Don Juan Catalinón y la Pescadora.

Don Juan	Muerto voy.	
Pescadora	¿Cómo, si andáis?	665
Don Juan	Ando en pena, como veis.	
Pescadora	Mucho habláis.	
Don Juan	Mucho encendéis.	
Pescadora	Ruego a Dios que no mintáis.	

(Vanse.)

Salen el rey de Castilla y Don Gonzalo de Ulloa.

El rey de Castilla	¿Cómo os ha sucedido en la Embajada, Comendador mayor?	
Don Gonzalo	Hallé en Lisboa al Rey Don Juan juntando gruesa armada para los mares de la ardiente Goa: recibiome muy bien.	670
El rey de Castilla	Temió la espada en el famoso brazo de un Ulloa, cuyo esfuerzo y valor, cuyo decoro tantas veces temor le ha puesto al moro. ¿Es buen lugar Lisboa?	675
Don Gonzalo	Es maravilla octava: tanto puede y tanto vale. Merece bien que vuestra regia silla para corte del mundo la señale.	680
El rey de Castilla	¿Es mayor que Sevilla?	
Don Gonzalo	Con Sevilla no hay ciudad en el mundo que se iguale, que si es Tajo a su mar su claro río, estocada es al nuestro el Betis frío.	
El rey de Castilla	¿Tenéis hijos?	
Don Gonzalo	Señor, sola una hija a mi vejez de báculo prevengo,	685

	en cuya frente rayos ensortija	
	el Sol, por quien sosiego y vida tengo,	
	en ella mi vejez se regocija,	
	y en ella mis trabajos entretengo.	690
El rey de Castilla	Yo la quiero casar como merece.	
Don Gonzalo	¿Quién la merecerá si tanto crece?	
El rey de Castilla	Sabed que hay en Italia un caballero	
	de sangre ilustre y de valor notorio.	
	Es hijo de Don Juan, mi camarero,	695
	conocido en España por Tenorio,	
	hermano del famoso y gran don Pedro,	
	por quien tanto en Italia crezco y medro.	
	Con título de Conde de Lebrija,	
	villa que por servicios ha ganado	700
	su padre, es vuestro yerno, aunque tal hija	
	merecía más alto y digno estado.	
	Vuestra quietud el término corrija	
	al caballo del tiempo acelerado,	
	que la inquietud de un padre en años puesto	705
	al fin conduce del vivir más presto,	
Don Gonzalo	Dame esos sacros pies por honras tales.	
El rey de Castilla	Salid a Publicar vuestra alegría.	
Don Gonzalo	Jamás toque tu vida los umbrales	
	del olvido que yace en sombra fría.	710
El rey de Castilla	Premios, como es razón, piden iguales	
	hechos notorios.	

Don Gonzalo	La ventura mía por Sevilla dirá, señor, a voces.
El rey de Castilla	Volvedme a ver.
Don Gonzalo	Tu reino inmortal goces.

(Vanse.)

Salen Catalinón y Don Juan.

Don Juan	Esas dos yeguas prevén pues acomodadas son.	715
Catalinón	Aunque soy Catalinón, soy, señor, hombre de bien; que no se dijo por mí «Catalinón es el hombre», pues sabes que aquese nombre me asienta al revés aquí.	720
Don Juan	Mientras que los pescadores van de regocijo y fiesta, tú las dos yeguas apresta, que de sus pies voladores solo nuestro engaño fío.	725
Catalinón	¿Al fin pretendes gozar a Tisbea?	
Don Juan	Si el burlar es hábito antiguo mío, ¿qué me preguntas, sabiendo mi condición?	730

Catalinón	Ya sé que eres langosta de las mujeres.	
Don Juan	Por Tisbea estoy muriendo, que es buena moza.	
Catalinón	¡Buen pago a su hospedaje deseas!	735
Don Juan	Necio, lo mismo hizo Eneas con la reina de Cartago.	
Catalinón	Los que fingís y engañáis las mujeres desa suerte lo pagaréis en la muerte.	740
Don Juan	¿Tan largo me lo fiáis...?	
Catalinón	Ya viene la desdichada.	
Don Juan	Vete y las yeguas prevén.	
Catalinón	¡Pobre mujer! Harto bien te pagamos la posada.	745

(Vase. Sale la Pescadora.)

Pescadora	El rato que sin ti estoy estoy ajena de mí.	
Don Juan	Aunque lo dices ansí, crédito jamás te doy.	750

Pescadora	¿Por qué?	
Don Juan	Porque, si me amaras, mi alma favorecieras.	
Pescadora	Tuya soy.	
Don Juan	Pues di: ¿qué esperas? ¿Qué dudas? ¿En qué reparas?	
Pescadora	Reparo en que fue castigo de amor el que he hallado en ti.	755
Don Juan	Yo digo lo mismo aquí, y para ver si te obligo, palabra y mano te doy de esposo.	
Pescadora	Soy desigual a tu ser.	760
Don Juan	No digas tal, Tisbea; en tu casa estoy, y estimo ser más en ella un humilde pescador, mereciendo tu favor y tu mano hermosa y bella, que las riquezas mayores que el mundo puede ofrecer.	765
Pescadora	Casi te quiero creer; mas sois los hombres traidores.	770
Don Juan	¿No echas de ver por los ojos,	

	mi Tisbea, el corazón?	
	Pues míos tus brazos son	
	no me niegues sus despojos;	
	abrázame y dame en ellos	775
	el alma.	
Pescadora	Ya a ti me allano;	
	mas con la palabra y mano	
	de esposo.	
Don Juan	Juro, ojos bellos	
	que mirando me matáis,	
	de ser vuestro esposo.	
Pescadora	Advierte,	780
	mi bien, que hay infierno y muerte.	
Don Juan (Aparte.)	(¿Tan largo me lo fiáis...)	
(Alto.)	Ojos bellos, mientras viva,	
	vuestro cautivo seré.	
Pescadora	Ésta es mi mano y mi fe.	785
Don Juan	Y ésta es la mía, si estriba	
	en ella vuestro sosiego.	
Pescadora	Pues ya tu amor no me engaña,	
	ven, y será la cabaña	
	tálamo de nuestro fuego.	790
	Entre estas cañas te esconde	
	hasta que tenga jugar.	
Don Juan	¿Por dónde tengo de entrar?	

Pescadora	Ven, y te diré por dónde.	
Don Juan (Aparte.)	(Ciega y satisfecha vais.)	795
Pescadora	Esta voluntad te obligue, y si no, Dios te castigue.	
Don Juan (Aparte.)	(¿Tan largo me lo fiáis...?)	

(Vanse.)

Salen los villanos cantando y bailando.

Pastor I	¡Hola! Llamad a Tisbea Y las zagalas llamad para que en la soledad el huésped la corte vea.	800
Anfriso	Estará muy ocupada con los huéspedes dichosos de quien hay mil envidiosos.	805
Pastor I	Siempre es Tisbea envidiada, a su cabaña lleguemos.	
Pastor II	No vais, porque no hay lugar tan bueno para bailar allá. De aquí la llamemos: ¡Tisbea, Lucinda, Antandra! ¿Hay descuido más cruel?	810
Anfriso	¡Triste y misero de aquel que en su fuego es salamandra!	
(Cantan.)	A pescar sale la niña	815

                        tendiendo redes
                        y en lugar de pececillos
                        las almas prende.

Sale la Pescadora. Dichos.

Pescadora   ¡Fuego, fuego, que me quemo
                        que mi cabaña se abrasa!   820
                        Repicad a fuego, amigos,
                        porque se me abrasa el alma.
                        ¡Fuego, zagales, fuego, fuego y rabia;
                        amor, clemencia, que se abrasa el alma!
                        ¡oh choza, oh vil instrumento   825
                        de mi deshonra y mi infamia!
                        Rayos de ardientes estrellas
                        en tus cabelleras caigan
                        porque abrasadas estén,
                        si del viento mal peinadas.   830
                        yo soy aquella que hacia,
                        émula de las zagalas,
                        burla de amor; que así amor
                        a quien dél se burla paga.
                        Engañome el caballero   835
                        debajo de fe y palabra
                        de marido, profanando
                        mi honestidad y mi cama.
                        Gozome al fin, y yo entonces
                        le di a su rigor las alas   840
                        en dos yeguas que crié,
                        con que me burla y me infama.
                        ¡Oh aleve huésped, que dejas
                        una mujer engañada,
                        nube que del mar saliste   845
                        para anegar mis entrañas!

                        Pero bien lo ha merecido
                        quien se fía de palabras.
                        Seguid al vil caballero;
                        mas no importa que se vaya,   850
                        que en la presencia del Rey
                        tengo que pedir venganza.
                        ¡Fuego, zagales, fuego, fuego y rabia:
                        amor, clemencia, que se abrasa el alma!

(Vase.)

Pastor I   Vayan tras ella al momento,   855
                        porque va desesperada,
                        y podrá arrojarse al mar,
                        buscando mayor desgracia.

Pastor II   Tal fin la soberbia tiene.

Anfriso   Su locura y confianza   860
                        paró en esto. Al mar se arroja.
                        ¡Tisbea, detente, aguarda!

Pastor II   Ya vuelve, tenelda todos,
                        tenelda, no se nos vaya.

(Sale la Pescadora.)

Pescadora   ¡Fuego, zagales, fuego, fuego y rabia: 865
                        amor, clemencia, que se abrasa el alma!

(Vanse.)

                        Fin de la primera jornada

Jornada segunda

Salen el Rey y Don Juan Tenorio, el viejo.

El rey de Castilla	¿Que esto pasa?
Don Juan Tenorio	Señor, esto me escribe de Nápoles don Pedro, que le hallaron con dama en el Palacio, y apercibe remedio en este caso.
El rey de Castilla	¿Y le dejaron con vida?
Don Juan Tenorio	Por don Pedro, señor, vive, que sin que se supiese le ausentaron; y la dama inocente deste agravio, agresor hizo desto al Duque Octavio, y ya en Sevilla está.
El rey de Castilla	Sí; mas ¿qué haremos con Gonzalo de Ulloa, que le había tratado el casamiento?
Don Juan Tenorio	Bien podremos poner remedio, pues el tiempo envía ocasión, y en la mano la tenemos; que el Duque Octavio remediar podría el yerro de Don Juan, pues que su casa a la de Don Gonzalo llega y pasa.
El rey de Castilla	No me parece mal, como no inquiete al Duque la pasión que de Isabela con el amor que tuvo nos promete,

5

10

15

20

	en cuya confusión hoy se desvela,	
	pues la ocasión tenemos del copete,	
	asirla, que es ligera y siempre vuela,	
	y viene a ser aquéste el mejor medio	
	que a los casos como éstos da remedio.	25
	¿Y adónde está ese loco?	
Don Juan Tenorio	Jamás niego	
	a vuestra Alteza cosa que pretenda	
	saber, y cuando aquí pende el sosiego	
	de Don Juan, y con esto el yerro enmienda	
	por quien se acaba el encendido fuego	30
	que él comenzó, es ya justo que lo entienda,	
	señor, tu Alteza. Ya en Sevilla asiste,	
	que así encubierto está mientras se viste.	
El rey de Castilla	Pues decilde que della salga al punto,	
	que pienso que es travieso, y la pasea,	35
	porque el remedio desto venga junto.	
Don Juan Tenorio	A Lebrija se irá.	
El rey de Castilla	Mi enojo vea	
	en el destierro.	
Don Juan Tenorio	Quedará difunto	
	cuando lo sepa.	
El rey de Castilla	Lo que digo sea	
	sin falta.	
Don Juan Tenorio	El Duque Octavio es el que viene.	40
El rey de Castilla	Decid que llegue, que licencia tiene.	

Sale el duque Octavio. Dichos.

El duque Octavio A esos pies, gran señor, un peregrino,
mísero y derrotado, ofrece el labio:
juzgando por feliz este camino,
en vuestra real presencia el Duque Octavio.   45
Huyendo vengo el fiero desatino
de una mujer, y el no pensado agravio
de un Rey; aunque mal dije, que los reyes
cristal son al espejo de las leyes.
Una mujer, al viento débil caña,   50
pues lo fue en la mudanza que ha mostrado,
a su Alteza, señor, sin causa, engaña,
diciendo que en Palacio la he burlado;
mas el tiempo, que al cabo desengaña,
dará a entender al Rey quién ha causado   55
esta inquietud en él, pues con engaño
por la cara que vio me hace este daño.

El rey de Castilla Ya, Duque Octavio, sé vuestra inocencia,
y al Rey escribiré por que os reciba
en su gracia, mostrando su clemencia,   60
cuando el enojo de su vista os priva;
y hoy os pienso casar, con su licencia,
con una dama en cuya gracia estriba
de la beldad la octava maravilla
y el Sol de las estrellas de Sevilla.   65
Don Gonzalo de Ulloa, un caballero
a quien le ciñe la cruz roja el pecho
que horror del moro fue, pues con su acero
su tierra siempre ha puesto en grande estrecho,
tiene una hija, y hoy con ella quiero   70
casaros en Sevilla, que sospecho

	que con aquesto vuestro bien ordeno.	
El duque Octavio	Primero Alfonso sois, siendo el Onceno.	

(Vanse el Rey y Tenorio.)

Salen dos criados del Duque. Dicho.

Criado I	¿Qué hay de nuevo?	
El duque Octavio	El gusto es tal, que no he de decirlo bien.	75
Criado II	Pues ¿qué tienes?	
El duque Octavio	Mucho bien; tanto, que es pequeño el mal. Con un amor desigual su Alteza me recibió, con que a mis trabajos dió alivio y fin a mis males, pues con favores iguales mis fortunas eclipsó. Su Alteza me quiere hacer quedar en Sevilla, y yo, como quien lo deseó, estoy loco de placer.	80 85
Criado I	¿Al fin te llegó a ofrecer mujer?	
El duque Octavio	Sí, amigo, y mujer de Sevilla, que Sevilla	90

	da, si averiguarlo quieres,	
	porque de oíllo te asombres,	
	si fuertes y airosos hombres,	
	las más gallardas mujeres.	
Criado II	Luego ¿ya no te desvela	95
	Isabela?	
El duque Octavio	No.	

Salen Catalinón y Don Juan. Dichos.

Catalinón	Detente,	
	que aquí está el Duque inocente,	
	Sagitario de Isabela,	
	aunque mejor le diré	
	penitente.	
Don Juan	Disimula.	100
Catalinón	Cuando le vende le adula.	
Don Juan	Como a Nápoles dejé	
	y la casa de mi tío	
	por un pleito de su Alteza,	
	Octavio, con tal presteza,	105
	aunque fue el intento mío	
	el despedirme de vos,	
	no tuve lugar.	
El duque Octavio	Por eso,	
	Don Juan amigo, os confieso	
	que aquí nos vemos los dos.	110

Don Juan	En Sevilla.	
El duque Octavio	¿Quién pensara, Don Juan, que en Sevilla os viera?	
Don Juan	¿Vos, Pusol, vos la ribera desde Parténope clara, dejáis?	
El duque Octavio	Aunque es un lugar Nápoles tan excelente, por Sevilla solamente se puede, amigo, dejar.	115
Don Juan	¿Cuándo llegasteis?	
El duque Octavio	Ayer.	
Don Juan	De su hermosa descripción os quiero hacer un borrón, puesto que la habéis de ver. Sevilla o Híspalis bella, que de Hispalo así se dice o de Hispán, de quien España tiene su primer origen, aunque un escritor moderno, seis letras con que se escribe, a las cuatro del romano quiere también que se apliquen, diciendo en ellas: Senatus, equae, virtutis, iustitiae legibus, Augustus, que es blasón que mi lengua explique hoy ansí: «Senado igual,	120 125 130 135

para que más se eternice,
de valor y de justicia,
leyes exenta y libre.»
Y para que estas seis letras
por los orbes se publiquen, 140
de sus lábaros y escudos
eran soberanos timbres;
aunque leídas después
sin puntos, comas ni tildes,
en ingenioso anagrama, 145
Sevilla las seis repiten.
Fue de Hércules fundación,
no el Tebano, de quien fingen
tantos emblemas los hombres
gloriosos como imposibles, 150
sino del egipcio, hermano
del que con nombre de Osiris
dios se llamó, haciendo a Menfis
que incienso le sacrifique;
cuyas caducas memorias 155
en brazos del tiempo gimen
ruinas lisonjeadas
de las hiedras que las visten
Pero después Julio César
la trasladó a los felices 160
llanos en que hoy coronada
lo mejor de Europa rige,
Ennobleciola de muro,
Zodiaco que la ciñe
de doce signos, que en tantas 165
puertas Sevilla se sirve;
y es la copla que entra y sale
por ellas tan increíble,
que para salir y entrar

unos a otros se impiden. 170
Son de sus lienzos las torres
pasamanos apacibles
que en torno de la ciudad
forman hermosos países
Por cuyos círculos bellos 175
mil soles, mil serafines
discurren en escuadrones
para que el Sol las envidie.
El Betis besa sus pies
con cuyo llanto es el Tibre 180
una lágrima y el mar
de España menos humilde.
Éste en sus cristales funda
otra ciudad invencible,
Cuyos edificios son 185
como en sus aguas movibles.
En él verás por las tardes
en fugitivos jardines
y en fáciles primaveras
hecho pedazos a Chipre; 190
y en su margen más sirenas
que engendra el mar en sus sirtes,
con quien no hay sordas orejas
ni hay ingeniosos Ulises.
En esta calle de plata 195
della a Triana dividen
arrabal en tal ciudad
y entre otras ciudad insigne.
El imperio de sus aguas
edificios no permite 200
de piedra, que estando loco,
no es mucho que piedras tire.
Y así diecisiete barcos,

con que los hombros le oprime,
un bucentoro se carga, 205
que en él parece un esquife
este monte de madera,
que está entre cadenas firme,
no leño a leño enojado,
que astilla a astilla divide. 210
Es Babel de su Arenal,
si no menfítica esfinge,
la antigua Torre del Oro
lisonja de los gentiles.
Mirando su hermoso Alcázar, 215
Troya su Ilión olvide,
y en sus muros Babilonia
sus vividores pensiles,
pues los que allá en las murallas,
acá en los cimientos sirven, 220
allá para que los vean,
acá para que los pisen.
Veinte sierpes de cristal
que blancas piedras despiden,
son de un estanque alimento, 225
dulce hospedaje de cisnes.
De los jardines los cuadros
ciernen en granos sutiles
cristales, que por los aires
en átomos se dividen. 230
Éstos salpicando damas,
si en su marfil no se engríen,
dejan en gotas de plata
tachuelas en sus chapines.
En un cuarto a sus Monarcas 235
media naranja le exprimen,
tan rica, que a ser entera

fuera de hacerlo imposible.
En la sala de los reyes
parece que siempre asiste   240
Júpiter en lluvias de oro,
o en ella el alba se ríe.
El templo de Salomón
o el que vio Jonia subirse
en cien mármoles al cielo,   245
que hoy yace en cenizas viles,
rasguño son, si no sombra
del que ves, donde se miden
el arte y la admiración,
y la admiración se rinde.   250
Cincuenta y cuatro pilares
tal pesadumbre reciben
sobre sus gigantes frentes,
con quien agobiados gimen.
Éstos son todos tan gruesos,   255
que dije mal cuando dije
pilares, porque son torres,
aunque en tal fábrica mimbres.
La longitud de su iglesia
es tal, que se juzga lince   260
el que de una puerta en otra,
entrando, un hombre divise.
Dos imágenes venera
en dos capillas insignes,
adonde todos los días   265
doscientas misas se dicen.
En ella, después del cielo,
con más majestad se sirve
a Dios, perdóneme Roma,
si Toledo lo permite.   270
Es un edificio eterno

el monumento, y tan firme,
que por sus huecos pilares
al chapitel más sublime
suben los hombres, adonde 275
admirados despabilen
tal vez por hachas estrellas,
que unas con otras compiten.
Como de cirios pascuales
otras iglesias se sirven, 280
ésta de montes de cera,
donde por llama el Sol vive,
que a no enfrenarla con agua
de la cárcel que derrite,
desatada, se abrasara, 285
tal lumbre de sí despide.
Referirte otras grandezas
con que te asombres y admires
no quiero, porque en su torre
todas las que has visto cifres. 290
Que a ser hecha antes de aquella
que de Babilonia escriben,
con la soberbia se alcanza
y con su memoria insigne.
Sobre cuya postrer bola, 295
cosa de creer difícil,
el coloso, honor de Rodas,
a los vientos se corrige.
Estatua de rubio bronce,
que por sus giros le dicen 300
la Giralda, y por mujer
mudable, inconstante y libre.
Parroquias en que a la gente
Sacramentos administren,
con otra más que aumentara, 305

contara dos veces quince.
Solemnidades y fiestas
más célebres que imagines,
viendo su Semana Santa,
es fuerza que las olvides, 310
que en sesenta procesiones
que con majestad se rigen,
verás, dando en mar, de sangre,
a Dios, preciosos rubíes.
Tras inmensas obras pías, 315
doscientos dotes redimen
huérfanas, doncellas pobres,
que el serlo es Argel terrible.
Tiene más de cien conventos,
y entre ellos dos tan insignes, 320
que en edificios y gente
ciudades pueden decirse.
Sustenta doce hospitales
en que a pobres beneficien,
y entre ellos el de la Sangre, 325
donde un Ribera eternices.
Los edificios, las calles,
los comercios que se impiden
unos a otros los tratos,
artes soberbios y humildes. 330
Las naos, que vieron alegres
de la aurora los confines
y los reinos de la noche;
perlas, coral, amatistes,
bordados, brocados, telas, 335
pasamanos y tabíes,
y, al fin, cuanto el Sol engendra
y el mar y la tierra rinden
para que el hombre lo goce,

lo gaste y lo desperdicie 340
en Sevilla está cifrado
mas no es mucho que se cifre,
si el mundo se cifra en ella,
y ella los orbes oprime.
Y en sí tanta gente encierra, 345
que por las calles se aflige,
y los muros, reventando,
barrios levanta en que habiten.
Los hombres son liberales,
gallardos como invencibles, 350
inventores de las galas
que en toda España se visten.
Las mujeres son bizarras,
briosas, altivas, Circes
en hablar, y en el obra, 355
constantes, honestas, firmes,
aunque a su cordura en coches
Ya la vanidad embiste.
Paladiones preñados
de mil partos infelices 360
vencerán su honestidad
como los coches porfíen,
que es la más fuerte lisonja
para la beldad esfinge
¡Maldito tú, Faraón, 365
que los inventaste y diste
al mundo, aunque entre las aguas
pagaste invención tan libre!
Mas ya que no de los coches
Dios de cocheros nos libre, 370
gente que por nuestras culpas
entre nosotros permite.
Ésta es Sevilla, que al huésped

	por una legua recibe	
	de calzadas, despreciando	375
	los romanos arrecifes.	
	Corto en su alabanza quedo,	
	pues verás cuando la habites	
	que es más la grandeza suya	
	que cuanto della se escribe.	380
El duque Octavio	Si en Nápoles os oyera	
	y no en la parte en que estoy,	
	del crédito que hoy os doy	
	sospecho que me riera.	
	Mas llegándola a habitar,	385
	es, por lo mucho que alcanza,	
	corta cualquiera alabanza	
	que a Sevilla querráis dar.	
	¿Quién es el que viene allí?	
Don Juan	El que viene es el Marqués	390
	de la Mota.	
El duque Octavio	Descortés	
	es fuerza ser.	
Don Juan	Si de mí	
	algo hubiereis menester,	
	aquí espada y brazo está.	
Catalinón	Si le importa, él forzará	395
	en su nombre otra mujer	
	que es valiente garañón.	
El duque Octavio	De vos estoy satisfecho.	

Catalinón (Vase.)	Si fuere de algún provecho, señores, Catalinón vuarcedes continuamente me hallarán para servillos.	400
Criado I	¿Adónde?	
Catalinón	En los Pajarillos, tabernáculo excelente.	

(Vanse los criados.)

Sale el Marqués de la Mota. Dichos, menos Octavio.

Marqués	Todo hoy os ando buscando, y no os he podido hallar. ¿Vos, don Juan, en el lugar y vuestro amigo penando en vuestra ausencia?	405
Don Juan	Por Dios, amigo, que me debéis ese favor que me hacéis.	410
Catalinón	Como no le entreguéis vos moza o cosa que lo valga, bien podéis fiaros dél, que en cuanto en esto es cruel, tiene condición hidalga.	415
Don Juan	¿Qué hay de Sevilla?	
Marqués	Está ya toda esta corte mudada.	

Don Juan	¿Mujeres?	
Marqués	Cosa juzgada.	
Don Juan	¿Inés?	
Marqués	A Vejel se va.	420
Don Juan	Buen lugar para vivir la que tan dama nació.	
Marqués	El tiempo la desterró a Vejel.	
Don Juan	Irá a morir. ¿Su hermana?	
Marqués	Es lástima vella: lampiña de frente y ceja. Llámanla en portugués vieja, y ella imagina que bella.	425
Don Juan	Sí que bella en portugués suena vieja en castellano. ¿Y Teodora?	430
Marqués	Este verano se escapó del mal francés por un río de sudores, y está tan tierna y reciente, que antes de ayer me echó un diente en medio de mil favores.	435

Don Juan	¿Julia la del Candilejo?	
Marqués	Ya con sus afeites lucha.	
Don Juan	¿Véndese siempre por trucha?	
Marqués	Ya se da por abadejo.	440
Don Juan	El barrio de Cantarranas, ¿tiene buena población?	
Marqués	Ranas las más dellas son.	
Don Juan	¿Y viven las dos hermanas?	
Marqués	Y la mona de Tulú de su madre Celestina que las adiestra y doctrina.	445
Don Juan	¡Oh vieja de Belcebú! ¿Cómo la mayor está?	
Marqués	Blanca y sin blanca ninguna, tiene un santo a quien ayuna.	450
Don Juan	¿Agora en vigilias da?	
Marqués	Es firme y santa mujer.	
Don Juan	¿Y esotra?	
Marqués	Mejor principio tiene; no desecha ripio.	455

Don Juan	Buen albañir quiere ser. Marqués: ¿qué hay de perros muertos?
Marqués	Yo y don Pedro de Esquivel dimos anoche uno cruel, y esta noche tengo ciertos 460 otros dos.
Don Juan	Iré con vos, que también recorreré ciertos nidos que dejé en huevos para los dos. ¿Qué hay de terrero?
Marqués	No muero 465 en terrero, que enterrado me tiene mayor cuidado.
Don Juan	¿Cómo?
Marqués	Un imposible espero.
Don Juan	Pues ¿no os corresponde?
Marqués	Sí, me favorece y estima. 470
Don Juan	¿Quién es?
Marqués	Doña Ana mi prima, que es recién venida aquí.
Don Juan	Pues ¿dónde ha estado?
Marqués	En Lisboa,

	con su padre en la Embajada.	
Don Juan	¿Es hermosa?	
Marqués	Es extremada porque en doña Ana de Ulloa se extremó naturaleza.	475
Don Juan	¿Tan bella es esa mujer? ¡Vive Dios que la he de ver!	
Marqués	Veréis la mayor belleza que los ojos del Sol ven.	480
Don Juan	Casaos, si es tan extremada.	
Marqués	El Rey la tiene casada, y no se sabe con quién.	
Don Juan	¿No os favorece?	
Marqués	Y me escribe.	485
Catalinón	No prosigas, que te engaña el gran garañón de España.	
Don Juan	Quien tan satisfecho vive de su amor, ¿desdichas teme? Sacadla, solicitadla, escribidla y engañadla, y el mundo se abrase y queme.	490
Marqués	Agora estoy esperando la postrer resolución.	

Don Juan	Pues no perdáis ocasión,	495
	que aquí os estoy aguardando.	
Marqués	Pues, adiós.	
Catalinón	Señor Cuadrado	
	o señor Redondo, adiós.	
Criado	Adiós.	
Don Juan	Pues solos los dos;	
	amigo, habemos quedado,	500
	sigue al Marqués.	
Catalinón	El Marqués	
	en el Alcázar se entró.	
Don Juan	Ve tras él.	

Dentro una Dama y Don Juan.

Dama	Ce.	
Don Juan	¿Quién llamó?	
Dama	Si sois prudente y cortés	
	y su amigo, dadle luego	505
	al Marqués este papel.	
	Mirad que consiste en él	
	de una señora el sosiego,	
	y adiós.	
Don Juan	Yo se le daré;	

	soy su amigo y caballero	510
	también.	
Dama	Señor forastero,	
	adiós.	
Don Juan	Ya la voz se fue.	
	¿No parece encantamento?	
	Sin ver por dónde han hablado	
	a mí el papel ha llegado	515
	por la estafeta del viento.	
	¿Mas si fuese de la dama	
	que el Marqués me ha encarecido?	
	Venturoso en esto he sido.	
	España a voces me llama	520
	el burlador, que el mayor	
	gusto que en mí puede haber	
	es burlar una mujer	
	y dejarla sin honor.	
	¡Vive Dios que lo he de abrir,	525
	pues salí de la plazuela!	
	¿Mas si hubiese otra Isabela?	
	Gana me da de reír.	
	Ya está abierto el tal papel.	
	Y que es suyo es cosa llana,	530
	porque aquí firma: «Doña Ana,	
	tu prima.»	
(Lee el papel.)	«Mi padre infiel	
	dice al fin, que me ha casado,	
	y no contigo, y así	
	quiero fiarme de ti	535
	debajo de haberme dado	
	palabra de casamiento.	
	Aquesta noche vendrás	

           a las once, y hallarás
           abierto para este intento   540
           cierto postigo, y por señas
           una capa de color
           te pondrás, porque Leonor
           la esclavilla y las dos dueñas
           te dejen entrar, bien mío,   545
           y adiós.» ¡Desdichado amante!
           ¿Hay suceso semejante?
           Ya de la burla me río.
           Gozarela, vive Dios,
           con el engaño y cautela   550
           que en Nápoles a Isabela.

Sale Catalinón. Dichos.

Catalinón   Ya el Marqués viene.

Don Juan   Los dos
                    aquesta noche tenemos
                    que hacer.

Catalinón   ¿Hay engaño nuevo?

Don Juan   Extremado.

Catalinón   No lo apruebo,   555
                    sino que nos acostemos,
                    dejando nuevos cuidados,
                    que el que vive de burlar
                    burlado habrá de quedar
                    pagando tantos pecados   560
                    de una vez.

Don Juan	¿Predicador te vuelves, impertinente?
Catalinón	La razón hace al valiente.
Don Juan	Y al cobarde hace el temor.
	El que pretende servir 565
	voluntad no ha de tener,
	y todo ha de ser hacer
	nada ha de ser decir.
	Sirviendo, jugando estás,
	y si quieres ganar luego, 570
	haz siempre, porque en el juego
	quien más hace gana más.
Catalinón	Y también quien hace y dice topa y pierde en cualquier parte.
Don Juan	Esta vez quiero avisarte, 575 porque otra vez no te avise.
Catalinón	Digo que de aquí adelante lo que me mandas haré, y a tu lado forzaré un tigre y un elefante. 580
Don Juan	Calla, que viene el Marqués.
Catalinón	Pues, ¿ha de ser el forzado?

Sale el Marqués. Dichos.

Don Juan	Para vos, Marqués, me han dado un recado harto cortés

	por una reja, sin ver el	585
	que me le daba allí;	
	solo en la voz conocí	
	que me le daba mujer.	
	Díjome al fin, que a las doce	
	acudieras a la puerta,	590
	que estará esperando, abierta,	
	donde tu esperanza goce	
	la posesión de su amor,	
	y que llevases por señas	
	de Leonorilla y las dueñas	595
	una capa de color.	

Marqués   ¿Qué decís?

Don Juan   Que este recado
            de una ventana me dieron,
            sin ver quién.

Marqués   Con él pusieron
            sosiego a tanto cuidado.   600
            ¡Ay amigo, solo en ti
            mi esperanza renaciera!
            Dame esos pies.

Don Juan   Considera
            que no está tu prima en mi.
            ¿Mas piensas que yo he de ser   605
            quien la tiene de gozar,
            y me llegas a besar
            los pies?

Marqués   Es tal el placer,
            que me ha sacado de mí.

	¡Oh Sol, apresura el paso!	610
Don Juan	Ya el Sol camina al ocaso.	
Marqués	Vamos, amigo, de aquí y de noche nos pondremos. Loco voy.	
Don Juan	Bien se conoce; mas yo sé bien que a las doce harás mayores extremos.	615
Marqués	¡Ay prima, del mundo prima, que quieres premiar mi fe!	
Catalinón	¡Juro a Cristo que no dé una blanca por su prima!	620

(Vase el Marqués.)

Salen Don Juan Tenorio el viejo; Don Juan y Catalinón.

Tenorio	Don Juan.	
Catalinón	Tu padre te llama.	
Don Juan	¿Qué manda Vueseñoría?	
Tenorio	Verte más quieto querría, más cuerdo y con mejor fama. ¿Es posible que procuras todas las horas mi muerte?	625
Don Juan	¿Por qué vienes desa suerte?	

Tenorio	Por tu trato y tus locuras.	
	En fin, el Rey me ha mandado	
	que te eche de la ciudad,	630
	porque está de una maldad	
	con justa causa enojado;	
	que, aunque me la has encubierto,	
	ya en Sevilla el Rey la sabe,	
	cuyo delito es tan grave,	635
	que a decírtelo no acierto.	
	¿En el Palacio Real	
	traición? ¿Y con un amigo	
	traición? Dios te dé el castigo	
	que pide delito igual.	640
	Mira que aunque, al parecer,	
	Dios te consiente y aguarda,	
	tu castigo no se tarda,	
	y que castigo ha de haber	
	para los que profanáis	645
	su nombre, y que es juez fuerte	
	Dios en la muerte.	
Don Juan	¿En la muerte?	
	¿Tan largo me lo fiáis...?	
	De aquí allá hay larga jornada.	
Tenorio	Breve te ha de parecer.	650
Don Juan	Y la que tengo de hacer,	
	pues a su Alteza le agrada	
	ahora, ¿es larga también?	
Tenorio	Hasta que el injusto agravio	
	satisfaga el Duque Octavio	655

	y apaciguados estén	
	en Nápoles, de Isabela	
	los sucesos que has causado,	
	en Lebrija retirado,	
	por tu traición y cautela,	660
	quiere el Rey que estés ahora;	
	pena a tu maldad ligera.	
Catalinón	Si el caso también supiera	
	de la pobre pescadora,	
	más se enojara el buen viejo,	665
Tenorio	Pues no te venzo y castigo	
	con cuanto hago y cuanto digo,	
	a Dios tu castigo dejo.	

(Vase.)

Don Juan y Catalinón.

Catalinón	Fuese el viejo enternecido.	
Don Juan	Luego las lágrimas copia;	670
	condición de viejos propia.	
	Vamos, pues ha anochecido,	
	a buscar al Marqués.	
Catalinón	Vamos.	
	Al fin, ¿gozarás su dama?	
Don Juan	Ha de ser burla de fama.	675
Catalinón	Ruego al cielo que salgamos	
	della en paz.	

Don Juan	¡Catalinón al fin!
Catalinón	Y tú, señor, eres langosta de las mujeres; y con público pregón, porque de ti se guardara y a su noticia viniera de la que doncella fuera fuera bien se pregonara: «Guárdense todos de un hombre que las mujeres engaña y es el garañón de España.»
Don Juan	Tú me has dado gentil nombre.

680

685

Salen los músicos y el Marqués, cantando. Dichos.

Músico	El que un bien gozar espera, cuando espera desespera.
Don Juan	¿Qué es esto?
Catalinón	Música es.
Marqués	Parece que habla conmigo el poeta.
Don Juan	¿Quién va?
Marqués	Amigo. ¿Es Don Juan?

690

Don Juan	¿Es el Marqués?	
Marqués	¿Quién puede ser sino yo?	695
Don Juan	Luego que la capa vi, que érades vos conocí.	
Marqués	Cantad, pues Don Juan llegó.	
Músico	El que un bien, etc.	
Don Juan	¿Dónde iremos?	
Marqués	A Lisboa.	700
Don Juan	¿Cómo, si en Sevilla estáis?	
Marqués	Pues ¿aqueso os maravilla? ¿No vive con gusto igual lo peor de Portugal en lo mejor de Sevilla?	705
Don Juan	¿Dónde viven?	
Marqués	En la calle de la Sierpe donde ves a Adán vuelto en portugués, que en aqueste amargo valle Con bocados solicitan mil Evas que, anque dorados, en efecto son bocados con que las vidas nos quitan.	710

Catalinón	Ir de noche no quisiera	
	por esa calle cruel,	715
	pues lo que de día en miel,	
	de noche lo dan en cera.	
	Una noche, por mi mal,	
	la vi sobre mí vertida,	
	y hallé que era corrompida	720
	la cera de Portugal.	
Don Juan	Mientras a la calle vais,	
	yo dar un perro quisiera.	
Marqués	Pues cerca de aquí me espera	
	un bravo.	
Don Juan	Si me dejáis	725
	con él, Marqués, ya veréis	
	cómo de mí no se escapa.	
Marqués	Vamos, y poneos mi capa	
	para que mejor le deis.	
Don Juan	Bien habéis dicho: venid	730
	y me enseñaréis la casa.	
Marqués	Mientras el suceso pasa	
	la voz y el habla fingid.	
	¿Veis aquella celosía?	
Don Juan	Ya la veo.	
Marqués	Pues llegad	735
	y decid: «Beatriz», y entrad.	

Don Juan	¿Qué Mujer?
Marqués	Rosada y fría.
Catalinón	Será mujer cantimplora.
Marqués	En gradas os aguardamos.
Don Juan	Adiós, Marqués.
Catalinón	¿Dónde vamos? 740
Don Juan	Adonde la burla mía se ejecute.
Catalinón	No se escapa nadie de ti.
Don Juan	El trueco adoro.
Catalinón	Echaste la capa al toro.
Don Juan	Escapeme por la capa. 745

(Vanse.)

El Marqués, criados y músicos. Después, la Dama.

Marqués	La mujer ha de pensar que soy yo.
Criado I	¡Qué gentil perro!
Marqués	Esto es acertar por yerro.

Criado II	Todo este mundo es error,	
	que está compuesto de errores.	750
Marqués	El alma en las horas tengo	
	y en sus cuartos me prevengo	
	para mayores favores.	
	¡Ay noche espantosa y fría!	
	Para que largos los goce,	755
	corre veloz a las doce,	
	y después no venga el día.	
Criado I	¿Adónde guía la danza?	
Marqués	Cal de la Sierpe guiad.	
Criado I	¿Qué cantaremos?	
Marqués	Cantad	760
	lisonjas a mi esperanza.	
(Cantan.)	El que un bien gozar espera,	
	cuando espera desespera.	

(Vanse, y habla de dentro una Dama.)

Dama	¡Falso!, no eres el Marqués,	
	que me has engañado.	
Don Juan	Digo	765
	que lo soy.	
Dama	¡Falso, enemigo,	
	mientes, mientes!	

Sale el Comendador medio desnudo, con espada y rodela. La Dama, Don Juan y Catalinón.

Don Gonzalo	La voz es de Doña Ana la que siento.	
Dama	¿No hay quien mate este traidor, homicida de mi honor?	770
Don Gonzalo	¿Hay tan grande atrevimiento? Muerto honor, dijo, ¡ay de mí! y es su lengua tan liviana, que aquí sirve de campana.	
Dama	¡Matadle!	

(Sale Don Juan.)

Don Juan	¿Quién está aquí?	775
Don Gonzalo	La barbacana caída de la torre de este honor que has combatido, traidor, donde era alcaide la vida.	
Don Juan	Déjame pasar.	
Don Gonzalo	¿Pasar? por la punta de una espada.	780
Don Juan	Oye.	
Don Gonzalo	No me digas nada.	

Don Juan	Escucha.	
Don Gonzalo	No hay que escuchar, que ya he sabido lo que es con esas voces que han dado.	785
Don Juan	Tu sobrino soy, que he entrado aquí.	
Don Gonzalo	Mientes, que el Marqués de la Mota, mi sobrino, tan grande traición no hiciera. Mi honor viva, el traidor muera autor de tal desatino.	790
Don Juan	El Marqués digo que soy.	
Don Gonzalo	Pues si eres el marqués, piensa que es en ti mayor la ofensa, y más ofendido estoy. ¡Muere, traidor!	795
Don Juan	Desta suerte muero yo.	
Catalinón	Si escapo désta, no más burla, no más fiesta.	
Don Gonzalo	¡Ay, que me has dado la muerte! Mas si el honor me quitaste, ¿de qué la vida servía?	800
Don Juan	Huye.	

Don Gonzalo	Aguarda, que es sangría con que el valor me aumentaste; mas no es posible que aguarde, seguirale mi furor, que es traidor, y el que es traidor es traidor porque es cobarde.	805

Sale el Marqués. Después, Don Juan y Catalinón.

Marqués	Presto las doce darán, y mucho Don Juan se tarda.	
Criado I	Fiera pensión del que aguarda.	810

(Salen Don Juan y Catalinón.)

Don Juan	¿Es el Marqués?	
Marqués	¿Es Don Juan?	
Don Juan	Yo soy; tomad vuestra capa.	
Marqués	¿Qué perro?	
Don Juan	Funesto ha sido; al fin, Marqués, muerto ha habido.	
Catalinón	Señor, del muerto te escapa.	815
Marqués	¿Burlásteisla?	
Don Juan	Sí, burlé.	
Catalinón	Y ansí a vos os ha burlado.	

Don Juan	Caro la burla ha costado.
Marqués	Yo, don Juan, lo pagaré, porque estará la mujer quejosa de mí. 820
Don Juan	Las doce darán.
Marqués	Como mi bien goce, nunca llegue a amanecer.
Don Juan	Adiós, Marqués,
Catalinón	Muy buen lance 825 el desdichado hallará.
Don Juan	Huyamos.
Catalinón	Señor, no habrá aguilita que me alcance.

(Vanse.)

Dichos, menos Don Juan y Catalinón.

Marqués	Vosotros os podéis ir todos a casa, que yo 830 he de ir solo.
Criado	Dios crió las noches para dormir.

(Vanse y dicen dentro:)

Criado I	¿Viose desdicha mayor?
Criado II	¿Y viose mayor desgracia?
Marqués	¡Válgame Dios! Voces oigo 835 en la plaza del Alcázar. ¿Qué puede ser a estas horas? Un hielo me baña el alma. Desde aquí parece toda una Troya que se abrasa, 840 porque tantas hachas juntas paren gigantes de llamas. Mas una escuadra de luces se acerca hacia mí, ¿por qué anda el fuego emulando al Sol, 845 dividiéndose en escuadras? Quiero preguntar lo que es.

Salen el duque Octavio, Tenorio y criados. Dicho.

El duque Octavio	¿Qué gente?
Marqués	Gente que aguarda saber de aqueste alboroto la ocasión.
Tenorio	Ésta es la capa 850 que dijo el Comendador en las postreras palabras.
El duque Octavio	Préndanle.

Marqués	¿Prenderme a mí?
Tenorio	Volved la espada a la vaina,
	Que la mayor valentía 855
	es no tratar de la espada.

Sale el Rey. Dichos.

Tenorio	Señor: aquí está el Marqués
Marqués	¿Vuestra Alteza a mí me manda prender?
El rey de Castilla	Llevadle y ponedle
	la cabeza en una escarpia. 860
	¿En mi presencia te pones?
Marqués	Señor: mi inocencia...
El rey de Castilla	Basta.
	Llevadle luego a una torre.
Marqués	¡Ay glorias de amor tiranas,
	siempre en el pasar ligeras 865
	como en el venir pesadas!
	Bien dijo un sabio, que había
	entre la boca y la taza
	peligro; pero el enojo
	del Rey me admira y espanta. 870
	¿No sabré por que voy preso?
Tenorio	¿Quién mejor sabrá la causa
	que vuestra señoría?

Marqués	¿Yo?
Tenorio	Vamos.
Marqués	¡Confusión extraña!

(Vanse.)

El rey de Castilla	Fulmínesele el proceso	875
	al Marqués luego, y mañana	
	le cortarán la cabeza;	
	y al Comendador, con cuanta	
	solemnidad y grandeza	
	Merece nobleza tanta,	880
	se le haga luego un sepulcro	
	de bronce y de piedra párea,	
	adonde góticas letras	
	den lenguas a su venganza,	
	¿Dónde Doña Ana se fue?	885
El duque Octavio	Fuese al sagrado Doña Ana	
	de mi señora la Reina.	
El rey de Castilla	Ha de sentir esta falta	
	Castilla y el reino todo	
	su defensa en esta espada,	890
	y tan gran Comendador	
	ha de llorar Calatrava.	

(Vanse.)

Salen los villanos y cantan.

Músico	Lindo sale el Sol de Abril,

	por trébol y toronjil,	
	y, aunque le sirve de estrella,	895
	Arminta sale más bella.	
Gaceno	Ya, Batricio, os he entregado	
	el alma y ser en mi Arminta.	
Batricio	Por eso se baña y pinta	
	de más colores el prado;	900
	con deseos la he ganado,	
	con obras la he merecido.	
Músico	Tal mujer y tal marido	
	vivan juntos años mil.	
	Lindo sale el Sol de Abril	905
	por trébol y toronjil.	
Batricio	No sale así el Sol de Oriente	
	como el Sol que al alma sale,	
	que no hay Sol que al Sol se iguale	
	de sus niñas y su frente;	910
	deste Sol claro y luciente	
	que eclipsa al Sol su arrebol,	
	y ansí cantadle a mi Sol	
	motetes de mil en mil.	
Músico	Lindo sale, etc.	915
Arminta	Batricio: aunque lo agradezco,	
	falso y lisonjero estás;	
	mas si tus rayos me das,	
	por ti ser Luna merezco.	
	Tú eres el Sol por quien crezco	920
	después de salir menguante,	

86

| | para que el alma te cante
la salva en tono sutil. | |
|------------|--------------------------------|-----|
| Músico | Lindo sale, etc. | |

Sale un Pastor. Dichos.

| Pastor | Alcaldes: el desposorio
huéspedes ha de tener. | 925 |
|----------|---|-----|
| Gaceno | A todo el mundo ha de ser
este contento notorio. | |
| Batricio | ¿Quién viene? | |
| Pastor | Don Juan Tenorio. | |
| Gaceno | ¿El viejo? | |
| Pastor | No ese Don Juan,
sino su hijo el galán.
Téngolo por mal agüero,
que en bodas un caballero
quita gusto y penas da. | 930 |
| Batricio | Pues ¿quién noticias le dió
de mis bodas? | 935 |
| Pastor | De camino
pasa a Lebrija. | |
| Batricio | Imagino
que el demonio le envió.
Mas ¿de qué me aflijo yo? | |

	Vengan a mis dulces bodas	940
	del mundo las gentes todas;
	mas con todo, un caballero
	en mis bodas, ¡mal agüero!

Gaceno	Venga el Coloso de Rodas,
	el Cura y el Preste Juan	945
	y Don Alonso el Onceno
	con su corte, que en Gaceno
	ánimo y valor verán.
	Montes en casa hay de pan,
	Guadalquívides de vino,	950
	Babiloniaes de tocino,
	y entre ejércitos cobardes
	de aves, ¿para qué los lardes,
	el pollo y el palomino?
	Venga tan gran caballero	955
	a ser en Dos Hermanas
	honra destas nobles canas.

| Pastor | Es hijo del Camarero |
| | mayor. |

Batricio	Todo es mal agüero
	para mí, pues le han de dar	960
	junto a mi esposa lugar.
	Aún no gozo, y ya los cielos
	me están condenando a celos.
	Amor, sufrir y callar.

Salen Don Juan y Catalinón de camino. Dichos.

| Don Juan | Pasando acaso he sabido | 965 |
| | que hay bodas en el lugar, |

	y dellas quise gozar,	
	pues tan venturoso he sido.	
Gaceno	Vuestra señoría ha venido	
	a honrallas y engrandecellas.	970
Batricio	Yo, que soy el dueño dellas,	
	dígoos también que vengáis	
	enhoramala.	
Pastor I	¿No dais	
	lugar a este caballero?	
Don Juan	Con vuestra licencia, quiero	975
	sentarme aquí.	
Batricio	Si os sentáis	
	delante de mí, señor,	
	seréis de aquesa manera	
	el novio.	
Don Juan	Cuando lo fuera,	
	no eligiera lo peor.	980
Gaceno	Que es el novio.	
Don Juan	De mi error	
	y ignorancia perdón pido.	
Batricio	¿Es posible que he de ser	
	en todo tan desgraciado?	
Catalinón	¡Desdichado tú, que has dado	985
	en manos de Lucifer!	

Don Juan	¿Posible es que vengo a ser, señora, tan venturoso? Envidia tengo al esposo.	
Arminta	Pareceisme lisonjero.	990
Batricio	Bien dije que es mal agüero en bodas un poderoso.	
Don Juan	Hermosas manos tenéis para esposa de un villano.	
Catalinón	Si al juego le dais la mano, vos la mano perderéis.	995
Batricio	¡Celos, muerte no me deis!	
Gaceno	Ea, vamos a almorzar, porque pueda descansar un rato su señoría.	1000
Don Juan	¿Por qué la escondéis?	
Arminta	No es mía.	
Gaceno	Ea, volved a cantar.	
Don Juan	¿Qué dices desto?	
Catalinón	Que temo muerte vil destos villanos.	
Don Juan	Buenos ojos blancas manos,	1005

	en ellos me abraso y quemo.	
Catalinón	Almagrar y echar a extremo: con ésta cuatro serán.	
Don Juan	Ven, que mirándome están.	
Batricio	Bien dije que es mal agüero de mis bodas.	1010
Gaceno	Cantad.	
Batricio	Muero.	
Catalinón	Canten, que ellos llorarán.	
Músico	Lindo sale el Sol de Abril por trébol y toronjil, etc.	

Fin de la segunda jornada

Jornada tercera

Sale Batricio, solo.

Batricio
Celos, átomos de amor,
y entre los ojos gigantes.
a la muerte semejantes.

Gaceno
Y al infierno en el dolor
dejadme, no me canséis 5
con iras y desconsuelos,
que en azul parecéis cielos,
y como infernos ardéis
¿Qué me quieres, caballero,
que me atormentas aquí? 10
Bien dije, cuando le vi
en mis bodas, ¡mal agüero!
¿No es bueno que se sentó,
a cenar con mi mujer,
y a mí en el plato meter 15
la mano no me dejó,
pues cuando llegar quería,
con furia la desviaba
diciendo cuando llegaba:
«¡Grosería, grosería!»? 20
No se apartó de su lado
hasta cenar, de manera
que todos pensaban que era
yo padrino, él desposado.
Y si decirle quería 25
algo a mi esposa, gruñendo
me la apartaba diciendo:
«¡Grosería, grosería!»
¡Que vea clara mi afrenta,

y no pueda yo decir 30
el mal que me hace morir!
No sé qué diga o qué sienta
en tan dudosa porfía,
pues llegándome a quejar
a todos, todo el lugar 35
con risa me respondía:
«Eso no es cosa que importe,
no tenéis de qué temer;
callad que debe de ser
uso de allá de la Corte.» 40
¡Buen uso; trato extremado!
Más no se usara en Sodoma,
que otro con la novia coma
y que ayune el desposado.
Pues el otro bellarón, 45
a cuanto comer quería,
«¿esto no come?» decía,
«no tiene, señor, razón»,
y de la mano al momento
me lo quitaba. Corrido 50
estoy, pienso que esto ha sido
culebra y no casamiento.
Ya no se puede sufrir
ni entre cristianos pasar.
Ya acabado de cenar 55
con los dos, ¿mas que a dormir
con mi mujer, pues es mía,
estorbo me ha de poner
y que ha de venir a ser
grosería, grosería? 60
Mas él viene: ¿que he de hacer?
Esconderme por no velle
antes que aquí me atropelle;

mas ¡ay! que no he de poder.

Sale Don Juan, solo. Dicho.

Don Juan	Batricio.	
Batricio	¿Qué es lo que manda vueseñoría?	65
Don Juan	El amor con tal ira y tal furor en el alma se desmanda, que lo que encubrir quería la boca no ha de poder.	70
Batricio	¿Mas que ha de venir a ser: «grosería, grosería»?	
Don Juan	Yo, ha muchos días, Batricio, que a Arminta el alma le di y he gozado.	
Batricio	¿Su honor?	
Don Juan	Sí.	75
Batricio	Manifiesto y claro indicio de lo que han visto mis ojos; que si bien no le quisiera Arminta no permitiera contra mí tantos enojos.	80
Don Juan	Yo al fin con nombre de esposo ha seis meses que soy dueño	

	de su honor; mi amor te enseño	
	en trance que es tan forzoso.	
	Ésta es, Batricio, verdad,	85
	siendo por tan justo intento	
	clandestino el casamiento	
	y fingida la amistad.	
	Por mi padre y por el Rey	
	entre los dos encubierto	90
	tuvimos este concierto,	
	y así no es razón y ley	
	que tú dos almas dividas,	
	que aunque las gentes lo ignoran,	
	así se estiman y adoran,	95
	ni este matrimonio impidas.	
	Fuera de que de otra suerte	
	satisfacerme podré,	
	y a todo el mundo daré,	
	si me lo impide, la muerte.	100
Batricio	Si tú en mi elección lo pones,	
	tu gusto pretendo hacer,	
	que el honor y la mujer	
	son malos en opiniones.	
	El honor en opinión	105
	siempre más pierde que gana,	
	porque es como la campana	
	que se estima por el son.	
	y así es cosa averiguada	
	que su honor viene a perder	110
	cuando cualquiera mujer	
	suena campana quebrada.	
	Gózala, señor, mil años,	
	que yo quiero resistir	
	desengaños y morir,	115

> por no vivir con engaños.

(Vase.)

Don Juan, solo.

Don Juan
> Con el honor le vencí,
> porque siempre los villanos
> tienen su honor en las manos,
> y siempre miran por sí. 120
> Que por tantas falsedades
> es bien que se entienda y crea
> que el honor se fue a la aldea
> huyendo de las ciudades.
> Bien lo supe negociar: 125
> gozarla sin miedo espero,
> La noche camina, quiero
> su viejo padre engañar
> ¡Oh estrellas que me miráis:
> dadme en este engaño suerte, 130
> si el castigo, hasta la muerte,
> tan largo me lo fiáis!

(Vase.)

Salen Arminta y Belisa.

Belisa
> Mira que viene tu esposo;
> entra a desnudarte, Arminta.

Arminta
> Destas infelices bodas 135
> no sé qué sienta, Belisa.
> Di: ¿qué caballero es este
> que de mis gustos me priva?

	Todo hoy mi Batricio ha estado	
	bañado en melancolía;	140
	todo en confusión y en celos;	
	mira qué grande desdicha.	
	¡Mal hubiese el caballero	
	que mis contentos me quita!	
	La desvergüenza en España	145
	se hace ya caballería.	
	Déjame, que estoy sin seso;	
	déjame, que estoy perdida.	
	¡Mal hubiese el caballero	
	que mis contentos me quita!	150
Belisa	Entra, que pienso que viene,	
	que nadie en el cuarto pisa	
	de un desposado tan recio.	
Arminta	Queda a Dios, Belisa mía.	
Belisa	Desenójale en tus brazos.	155
Arminta	Plegue a los cielos que sirvan	
	mis suspiros de requiebros,	
	mis lágrimas de caricias.	

(Vanse.)

Sale Don Juan, Gaceno, y Catalinón.

Don Juan	Gaceno: quedad con Dios.	
Gaceno	Acompañaros querría,	160
	por dalle de esta ventura	
	el parabién a mi hija.	

Don Juan	Tiempo mañana nos sobra,
	bien decís.
Gaceno	El alma mía
	en la muchacha os entrego. 165
Don Juan	Mi esposa diréis. Tú ensilla,
	Catalinón.
Catalinón	¿Para cuándo?
Don Juan	Para el alba, que de risa
	muerta ha de salir mañana
	deste engaño.
Catalinón	Allá en Lebrija, 170
	señor, nos está aguardando
	otra boda; por tu vida
	que despaches presto en ésta.
Don Juan	La burla más escogida
	de todas ha de ser ésta. 175
Catalinón	Sí, señor, mas no querría
	que saliésemos burlados,
	o nos costase las vidas
	esta fiesta.
Don Juan	Si es mi padre
	el dueño de la justicia 180
	y es la privanza del Rey,
	¿qué temes?

Catalinón	De los que privan
	suele Dios tomar venganza,
	y con rigor los castiga
	cuando cometen pecados 185
	de Dios en la cara misma.
	Y si en las casas de juego
	prenden también al que mira,
	yo he sido mirón del tuyo,
	y por mirón no querría 190
	que algún rayo abrasador
	me convirtiese en ceniza.
Don Juan	Vete a ensillar, que mañana
	he de dormir en Sevilla.
Catalinón	¿En Sevilla?
Don Juan	Sí.
Catalinón	¿Qué dices? 195
	Mira lo que has hecho, y mira
	que hay castigo, pena y muerte.
Don Juan	Si tan largo me lo fías,
	vengan engaños.
Catalinón	Señor.
Don Juan	Vete, que ya me amohinas. 200
	¡Vive el cielo, que te mate!
Catalinón	Fuerza al turco, fuerza al escita,
	al persa y al agramante,
	al japón y al troglodita;

	fuerza al etíope, al tracio	205
	y al sastre, con la agujita	
	de oro en la mano, imitando	
	continuo a la blanca niña.	

(Vase.)

Don Juan y Arminta.

Don Juan	La noche aprisa los cielos	
	con pies de azabache pisa	210
	huyendo de los mortales,	
	en cuya frente avecina,	
	en ricos apretadores,	
	estrellas por piedras brillan.	
	Quiero llegar a la cama.	215
	Arminta.	
Arminta	¿Quién llama a Arminta?	
	¿Es mi Batricio?	
Don Juan	No soy	
	tu Batricio.	
Arminta	Pues ¿quién?	
Don Juan	Mira	
	despacio, Arminta, quién soy.	
Arminta	¡Ay de mí! Yo soy perdida.	220
	¿En mi aposento a estas horas?	
Don Juan	Éstas son las horas mías.	

Arminta	Volveos, porque daré voces,
	no excedáis la cortesía
	que a mi Batricio se debe. 225
	Ved que hay romanas Emilias
	en Dos Hermanas también
	y hay Lucrecias vengativas.
Don Juan	Escúchame dos palabras
	y esconde de las mejillas 230
	en el corazón la grana,
	en ti más preciosa y tibia.
Arminta	Idos, que vendrá mi esposo.
Don Juan	Yo lo soy, ¿De qué te admiras?
Arminta	¿Desde cuándo?
Don Juan	Desde ahora. 235
Arminta	¿Quién lo ha tratado?
Don Juan	Mi dicha.
Arminta	¿Sábelo Batricio?
Don Juan	Sí,
	que te olvida.
Arminta	¿Que me olvida?
Don Juan	Sí, porque te adoro.
Arminta	¿Cómo?

Don Juan	Con mis dos brazos.	
Arminta	Desvía.	240
Don Juan	¿Cómo puedo, si es verdad que muero?	
Arminta	¡Qué gran mentira!	
Don Juan	Arminta: escucha y sabrás, si quieres, que te la diga, la verdad, si las mujeres sois de verdades amigas. Yo soy noble caballero, cabeza de la familia de los Tenorios antiguos ganadores de Sevilla. Mi Padre, después del Rey, se reverencia y se estima en la corte, y de sus labios penden las muertes y vidas. Torciendo el camino, acaso llegué a verte, que amor guía tal vez las cosas de suerte que él mismo dellas se admira. Vite, adoréte abraséme, y de suerte, que me obliga a que contigo me case: mira qué acción tan precisa. Y aunque lo murmure el reino y aunque el Rey lo contradiga, y aunque mi Padre, enojado, con amenazas lo impida,	245 250 255 260 265

| | tu esposo tengo de ser,
              dando en tus ojos envidia
              a los que viere en su sangre
              la venganza que imagina.   270
              Ya Batricio ha desistido
              de su acción, y aquí me envía
              tu padre a darte la mano.
              ¿Qué dices?

Arminta   No sé qué diga
              que se encubren tus verdades   275
              con retóricas mentiras.
              Porque si estoy desposada,
              como es cosa conocida,
              con Batricio, el matrimonio,
              ¿cómo puede ser que sirva?   280

Don Juan   En no siendo consumado
              por engaño o por malicia
              puede anularse.

Arminta   Es verdad;
              mas, ¡ay Dios!, que no querría
              que me dejases burlada   285
              cuando mi esposo me quitas.

Don Juan   Ahora bien: dame esos brazos,
              y esta voluntad confirma
              con ellos.

Arminta   Qué, ¿no me engañas?

Don Juan   Mío el engaño sería.   290

Arminta	Jura que me cumplirás
la palabra y fe debida.
Don Juan	Juro a esta mano, señora,
infierno de nieve fría,
de cumplirte la palabra.   295
Arminta	Jura a Dios que te maldiga
si no lo cumples.
Don Juan	Si acaso
la palabra y la fe mía
te faltaren, ruego a Dios
que a traición y alevosía   300
me dé muerte un hombre (muerto,
que vivo Dios no permita).
Arminta	Pues con ese juramento
soy tu esposa.
Don Juan	El alma mía
entre los brazos te ofrezco.   305
Arminta	Tuya es el alma y la vida.
Don Juan	¡Ay Arminta de mis ojos!
Mañana sobre virillas
de tersa plata, estrelladas
con clavos de oro de Tíbar,   310
pondrás los hermosos pies,
y en prisión de gargantillas
la alabastrina garganta,
y, los dedos en sortijas,
en cuyo engaste parezcan   315

	estrellas las amatistas,	
	y en cuyas orejas pendan	
	transparentes, perlas limpias.	
Arminta	Tuya soy.	
Don Juan	¡Qué mal conoces	
	al burlador de Sevilla!	320

(Vanse.)

Salen Don Pedro Tenorio e Isabela.

Don Pedro	¿De qué sirve, Isabela,	
	la tristeza en el alma y en los ojos,	
	si amor todo es cautela	
	y siempre da tristeza por despojos;	
	y sus mayores bienes	325
	son tormento, temor, pena y desdenes.	
	Cuando de la ribera	
	de Nápoles partiste fue muy justo	
	sentir su pena fiera; mas	
	ya puedes trocar la pena en gusto	330
	y mostrar alegría,	
	pues se pone tu noche y sale el día.	
	Si ya don Juan te aguarda	
	para enlazar tu mano hermosa y bella,	
	aún el bien no se tarda:	335
	suspende el triste llanto y la querella,	
	si es su casa en Sevilla	
	una de las mejores de Castilla.	
Isabela	No nace mi tristeza	
	de ser esposa de Don Juan, que el mundo	340

	conoce su nobleza;	
	en la esparcida voz mi agravio fundo	
	y esta ocasión perdida	
	he de llorar mientras tuviere vida.	

Don Pedro   Muy presto entre sus brazos,   345
              como el olmo y la hiedra vividora,
              os daréis tiernos lazos.

Isabela   Hasta verse en el tálamo que adoro,
              el honor, afligida
              he de llorar esta opinión perdida.   350

Don Pedro   Allí una pescadora
              está sobre un peñasco al mar mirando
              y dulcemente llora,
              y al cristalino cielo quejas dando,
              pidiendo está venganza,   355
              perdida de algún bien ya la esperanza.
              Quiero llegar por ella,
              para que aquí te haga compañía;
              dirasle tu querella,
              y mientras yo con el sereno día   360
              desembarco la gente,
              lamentaréis las dos más dulcemente.

(Vase.)

Isabela   ¡Que me robase el sueño
              la prenda que estimaba y más quería!
              ¡Oh riguroso empeño   365
              de la verdad, oh máscara del día,
              noche al fin tenebrosa,
              antípoda del Sol, del sueño esposa!

Sale la Pescadora. Dicha.

Pescadora	Robusto alar de España,
ondas del fuego en fugitivas olas,	370
cuya costa el mar baña
dándole por tributo conchas solas,
aunque a veces preñadas
de traiciones en ti medio anegadas.
Pues conoces mis quejas	375
y de ti mis tormentos han nacido,
a tus sordas orejas
quiero dar voces, pues la causa has sido
de que e honor perdiera
la que siempre cruel con hombres era.	380

Isabela	¿Por qué del mar te quejas?
¿Estás del mar celosa, pescadora?

Pescadora	El mar parió mis quejas.
¡Dichosa vos que sin cuidado agora
dél os estáis riendo!	385

Isabela	También furias del mar estoy sintiendo.

Pescadora	¿Sois vos la Europa hermosa
que estos toros os llevan a Sevilla?

Isabela	Llévanme a ser esposa
contra mi voluntad.

Pescadora	Si mi mancilla	390
a lástima os provoca
mi llanto oíd, pues por mujer os toca.

	Del agua derrotado	
	a esta arena llegó un Don Juan Tenorio,	
	difunto y anegado.	395
	Amparele, hospedele en tan notorio	
	peligro, y el vil huésped	
	víbora fue a mi planta en tierno césped.	
	Con engaño y mentira	
	dándome aquí de esposo la palabra,	400
	el que a robar aspira	
	honor, me le quitó que en traición labra	
	cuando, en vez de verdades,	
	son sus dulces palabras falsedades.	
Isabela	Calla, mujer maldita;	405
	vete de mi presencia, que me has muerto!	
	Mas si el dolor, te incita,	
	no tienes culpa tú; prosigue: ¿es cierto?	
Pescadora	Tan claro es como el día.	
Isabela	¡Mal haya la mujer que en hombres	410
	Pero sin duda el cielo	
	a ver estas cabañas me ha traído,	
	y de ti mi consuelo	
	en tan grave pasión ha renacido	
	para venganza mía	415
	¡Mal haya la mujer que en hombres fía!	
Pescadora	Que me llevéis os ruego	
	con vos, señora, a mí y a un viejo padre,	
	porque de aqueste fuego	
	la venganza me dé, más que me cuadre,	420
	y al Rey pida justicia	
	deste engaño y traición, desta malicia.	

	Anfriso, en cuyos brazos	
	me pensé ver en tálamo dichoso	
	dándole eternos lazos,	425
	conmigo ha de ir, que quiere ser mi esposo.	
Isabela	Ven en mi compañía.	
Pescadora	¡Mal haya la mujer que en hombres fía!	

(Vanse.)

Salen Don Juan y Catalinón.

Catalinón	Todo en mal estado está.	
Don Juan	¿Cómo?	
Catalinón	Que Octavio ha sabido	430
	la traición de Italia ya,	
	y el de la Mota ofendido,	
	al Rey grandes quejas da.	
	Dicen que viene Isabela	
	a que seas su marido,	435
	y dicen...	
Don Juan	Calla.	
Catalinón	Una muela	
	en la boca me has rompido.	
Don Juan	Hablador: ¿quién te revela	
	tanto disparate junto?	
Catalinón	¿Disparate?	

Don Juan	Disparate.	440
Catalinón	Verdades son.	
Don Juan	No pregunto si lo son; cuando me mate Octavio: ¿estoy yo difunto? ¿No tengo manos también? ¿Dónde me tienes posada?	445
Catalinón	En calle oculta.	
Don Juan	Está bien.	
Catalinón	La iglesia es tierra sagrada.	
Don Juan	Di que de día me den en ella la muerte. ¿Viste al novio de Dos Hermanas?	450
Catalinón	Allí le vi ansiado y triste.	
Don Juan	Arminta estas dos semanas no ha de caer en el chiste.	
Catalinón	Tan bien engañada está, que se llama Doña Arminta.	455
Don Juan	Graciosa burla será.	
Catalinón	Graciosa burla y sucinta; mas ella la llorará.	

Don Juan	¿Qué sepulcro es éste?	
Catalinón	Aquí Don Gonzalo está enterrado.	460
Don Juan	Éste es a quien muerte di. ¡Gran sepulcro le han labrado!	
Catalinón	Ordenolo el Rey así. ¿Cómo dice este letrero?	
Don Juan	Aquí aguarda del Señor, el más leal caballero, la venganza de un traidor. Del mote reírme quiero. ¿Y habeisos vos de vengar buen viejo, barbas de piedra?	465 470
Catalinón	No se las podrá pelar quien barbas tan fuertes medra.	
Don Juan	Aquesta noche a cenar Os aguardo en la posada, y allí el desafío haremos, si la venganza os agrada. Pero mal reñir podremos si es de piedra vuestra espada.	 475
Catalinón	Justo es estar prevenido, si contigo ha de comer.	480
Don Juan	Larga esta venganza ha sido; si es que vos la habéis de hacer bien puedo vivir dormido,	

	que si a la muerte aguardáis	
	la venganza, la esperanza	485
	agora es bien que perdáis,	
	pues vuestro enojo y venganza	
	tan largo me lo fiáis.	

(Vanse.)

Salen dos criados con una mesa puesta.

Criado I	Apercibamos la cena,	
	que vendrá a cenar Don Juan.	490
Criado II	Las mesas puestas están;	
	mas ¿quién a Don Juan ordena	
	venir temprano a cenar,	
	si a veces suele venir	
	cuando el Sol quiere salir?	495
Criado I	Para tener más lugar	
	de rondar de noche, ordena	
	cenar temprano.	

Salen Don Juan y Catalinón. Dichos.

Don Juan	¿Cerraste?	
Catalinón	Ya cerré como mandaste.	
Don Juan	¡Hola! Tráiganme la cena.	500
Criado II	Aquí está.	
Don Juan	Catalinón:	

	siéntate.	
Catalinón	Yo soy amigo de cenar a solas.	
Don Juan	Digo que lo hagas.	
Catalinón	¡Fuerte ocasión! Ya voy.	
Don Juan	También es camino éste, si cenas en él conmigo.	505

(Golpes.)

Catalinón	¡Golpe cruel!	
Don Juan	Que llamaron imagino. Mira quién llama.	
Criado I	Ya voy.	
Catalinón	Si es la Justicia, señor.	510
Don Juan	Sea; no tengas temor.	

(Retírase huyendo el criado que fue a ver quién llamaba.)

Catalinón	¡Ay de mí! Confuso estoy.
Don Juan	Habla. ¿Qué tienes? ¿Qué has visto?

Catalinón	De algún mal da testimonio.	
Don Juan	¿Asombrote algún demonio? ¿Cómo el enojo resisto?	515

(Golpes.)

Catalinón	Más golpes dan a la puerta.	
Don Juan	Corre tú, mira quién es.	
Catalinón	¿Yo, señor?	
Don Juan	Mueve los pies. ¿Quién llama?	

Sale Don Gonzalo, el caballero que mató, armado de punta en blanco, con el hábito. Dichos.

Don Gonzalo	Yo.	
Don Juan	¿Quién?	520
Don Gonzalo	Soy el caballero honrado que a cenar has convidado.	
Don Juan	Cena habrá para los dos, y si vienen más contigo, para todos cena habrá. Ya puesta la mesa está: siéntate.	525
Catalinón	Dios sea conmigo.	

Don Juan	Catalinón: siéntate junto al muerto.	
Catalinón	Ya he cenado; cena con tu convidado, que yo no sé si podré.	530
Don Juan	Siéntate. Si oír cantar quieres, cantarán.	
Catalinón	Sí dijo.	
Don Juan	Cantad.	
Catalinón	Tiene el señor muerto buen gusto; es noble por cierto y amigo de regocijo.	535

(Cantan los Músicos.)

Músicos	Si de mi amor aguardáis, señora, de aquesta suerte el galardón a la muerte, ¡qué largo me lo fiáis!	540
Catalinón	O es sin duda veraniego, o el ser muerto debe ser hombre de poco comer. Temblando al plato me llego.	
Don Juan	Háblale.	
Catalinón	Vue señoría ¿está bueno? ¿Es buena tierra	545

| | la otra vida? ¿Es llano o sierra?
¿Préciase allá la poesía? | |
|-------------|------------------------------------|-----|
| Don Juan | A todo dice que sí
con la cabeza. | |
| Catalinón | ¿Hay allá
muchas tabernas? Sí habrá,
si Noé reside allí. | 550 |
| (Cantan.) | Si este plazo me convida
para que serviros pueda,
pues larga vida me queda,
dejad que pase la vida.
Si de mi amor aguardáis,
señora, de aquesta suerte,
el galardón a la muerte
¡qué largo me lo fiáis! | 555

560 |
| Catalinón | ¿Con cuál de las que has burlado,
estos músicos, señor,
hablan? | |
| Don Juan | De todas me río,
amigo, en esta ocasión.
En Nápoles a Isabela
burlé. | 565 |
| Catalinón | Ésa ya no es hoy
burlada, pues que te casas
con ella, como es razón.
Burlaste a la pescadora,
y del mar te redimió,
pagándole el hospedaje | 570 |

| | en moneda de rigor.
              Burlaste a doña Ana...

Don Juan   Calla,
              que hay parte aquí que bastó
              por ella, y vengarse piensa.   575

Catalinón   Es hombre de gran valor,
              que él es piedra y tú eres carne;
              no es buena resolución.

(Hace señas el muerto que quiten la mesa.)

Don Juan   ¡Hola! Quitad esas mesas,
              que hace, señas que los dos   580
              nos quedemos y se vayan
              los demás.

Catalinón   Malo; por Dios,
              no te quedes, porque hay muerto
              que mata de un mojicón
              un gigante.

Don Juan   Salíos todos   585
              A ser yo Catalinón.
(Hace señas.) Vete. ¿Que cierre la puerta?
              Ya está cerrada, y ya estoy
              aguardando lo que quieres,
              sombra, fantasma o visión.   590
              Si andas en pena o si buscas
              alguna satisfacción,
              aquí estoy, dímelo a mí
              que mi palabra te doy
              de hacer todo lo que ordenes.   595

	¿Estás gozando de Dios,	
	eres alma condenada,	
	o de la eterna región?	
	¿Dite la muerte en pecado?	
	Habla, que aguardando estoy.	600
Don Gonzalo	¿Cumplirasme una palabra	
	como caballero?	
Don Juan	Honor	
	tengo y las palabras cumplo,	
	porque caballero soy.	
Don Gonzalo	Dame la mano, no temas.	605
Don Juan	¿Eso dices? ¡Yo temor!	
	Si fueras el mismo infierno,	
	la mano te diera yo.	
Don Gonzalo	Bajo esa palabra y mano	
	mañana a las diez te estoy	610
	para cenar aguardando.	
	¿Irás?	
Don Juan	Empresa mayor	
	entendí que me pedías.	
	Mañana tu huésped soy.	
	¿Dónde he de ir?	
Don Gonzalo	A la Capilla.	615
Don Juan	¿Iré solo?	
Don Gonzalo	No, id los dos,	

| | y cúmpleme la palabra,
             como la he cumplido yo.

Don Juan   Digo que la cumpliré,
             que soy Tenorio.

Don Gonzalo Y yo soy   620
             Ulloa.

Don Juan   Yo iré sin falta.

Don Gonzalo Yo lo creo; adiós.

Don Juan   Adiós.
             Aguarda, te alumbraré.

Don Gonzalo No alumbres, que en gracia estoy.

(Vase.)

Don Juan, solo.

Don Juan   ¡Válgame Dios! Todo el cuerpo   625
             sé ha bañado de un sudor
             helado, y en las entrañas
             se me ha helado el corazón.
             Un aliento respiraba,
             organizando la voz,   630
             tan frío, que parecía
             infernal respiración.
             Cuando me tomó la mano,
             de suerte me la abrasó,
             que un infierno parecía   635
             más que no vital calor.

                        Pero todas son ideas
                        que da a la imaginación
                        el temor, y temer muertos
                        es más villano temor.   640
                        Si un cuerpo con alma noble,
                        con potencias y razón,
                        y con ira, no se teme,
                        ¿quién cuerpos muertos temió?
                        Iré mañana a la iglesia   645
                        donde convidado estoy,
                        porque se admire y espante
                        el mundo de mi valor.

(Vase.)

Salen el Rey y Don Pedro Tenorio.

El rey de Castilla   ¿Llegó, en fin, Isabela?

Don Pedro   Y disgustada.

El rey de Castilla   Don Juan pondrá remedio hoy a su queja.   650

Don Pedro   Siente, señor, el nombre de infamada,
                        y viendo que de Nápoles se aleja,
                        con disgusto llegó, aunque confiada,
                        pues sus agravios hoy en manos deja
                        de vuestra Majestad, en quien confía   655
                        que trocará su llanto en alegría.

Sale el duque Octavio, Dichos.

El duque Octavio   Huélgome, gran señor, que esté presente
                        Don Pedro, de Don Juan gallardo tío,

| | para que a voces te publique y cuente
| | la justa queja del agravio mío.   660
| | De tu mano real está pendiente
| | satisfacer mi honor, y así confío
| | que vuestra Majestad desta cautela
| | dará satisfacción hoy a Isabela.

Don Pedro   Duque: siempre los nobles caballeros   665
              son cortos en palacio de razones.

El duque Octavio   Don Pedro: en la campaña tengo aceros.

Don Pedro   Yo tanto como aceros, corazones.

El duque Octavio   Yo almas.

Don Pedro   Yo potencias.

El rey de Castilla   Caballeros:
              bueno está.

Don Pedro   ¡Vive Dios!

El duque Octavio   Si no te pones   670
              en medio.

Don Pedro   Si no atajas lo que digo,
              ¡vive Dios!

El duque Octavio   ¡Vive Dios!

El rey de Castilla   Venid conmigo

(Vanse.)

Queda el duque Octavio.

El duque Octavio	¿A quién tan gran desdicha ha sucedido	
	como a mí me sucede? Confiado	
	en un traidor amigo, que hoy ha sido	675
	Sinón fingido, por quien yo culpado	
	de Isabela seré, pues ha perdido	
	lo que en el mundo tanto se ha estimado.	
	Mas si el Rey no la venga deste agravio,	
	la venganza ha de hacer el Duque Octavio.	680

(Vase.)

Salen el Marqués y Tenorio el viejo.

Tenorio	Muy bien le podéis quitar	
	las prisiones al Marqués.	
Marqués	Si para mí muerte es	
	albricias os quiero dar.	
Tenorio	El Rey os manda soltar	685
	de la prisión.	
Marqués	¿Si ha sabido	
	mi inocencia y el que ha sido	
	desta maldad agresor?	
	Que callo por vuestro honor,	
	aunque estoy tan ofendido.	690
Tenorio	¿Por mi honor? ¿Si a vuestro tío	
	matáis, soy culpado yo?	

Marqués	Porque Don Juan le mató	
	y a mí la culpa me echáis.	
	A Don Juan mi capa di.	695
	¡Ah engañoso caballero!	
	Sin culpa padezco y muero.	
Tenorio	¿Qué decís?	
Marqués	Que esto es ansí:	
	un recado recibí	
	para que a mi prima goce,	700
	de quien su error conoce,	
	pues, engañoso y cruel,	
	fue a las once para él,	
	y para mí fue a las doce.	
	Y aunque siento que matase	705
	a mi tío, más sentido	
	estoy y más ofendido	
	de que a mi prima gozase.	

(Vanse.)

Salen Don Juan y Catalinón.

Catalinón	¿Cómo el Rey te recibió?	
Don Juan	Con más amor que mi padre.	710
Catalinón	¿Viste a Isabela?	
Don Juan	También.	
Catalinón	¿Cómo viene?	

Don Juan	Como un ángel.
Catalinón	¿Recibiote bien?
Don Juan	El rostro bañado de leche y sangre, como la rosa que al alba 715 revienta la verde cárcel.
Catalinón	Vamos, si te has de vestir, que te aguardarán y es tarde.
Don Juan	Otro negocio tenemos que hacer, aunque nos aguarden. 720
Catalinón	¿Cuál es?
Don Juan	Cenar con el muerto.
Catalinón	Necedad de necedades.
Don Juan	¿No ves que di mi palabra?
Catalinón	Ya está cerrada la iglesia.
Don Juan	Llama.
Catalinón	¿Qué importa que llame? 725 ¿Quién tiene de responder, si duermen los sacristanes?
Don Juan	Llega a ese postigo.
Catalinón	Abierto

	está.
Don Juan	Pues entra.
Catalinón	Entre un fraile
con hisopo y con estola. 730
Don Juan	Sígueme y calla.
Catalinón	Que calle...

(Entran por dentro del vestuario.)

¡Ay de mí! Tenme, señor,
porque de la capa me asen.

Sale el Muerto. Dichos.

Don Juan	¿Quién va allá?
Don Gonzalo	Yo.
Don Juan	¿Quién sois vos?
Don Gonzalo	El muerto soy, no te espantes. 735
No entendí que me cumplieras
la palabra, según haces
burla de todos.
Don Juan	¿Me tienes
en opinión de cobarde?
Don Gonzalo	Sí, porque de mí huiste 740
la noche que me mataste.

Don Juan	Huí de ser conocido; mas ya me tienes delante: di presto lo que me quieres.	
Don Gonzalo	Quiero a cenar convidarte.	745
Don Juan	Cenemos.	
Don Gonzalo	Para cenar es menester que levantes esa tumba.	
Don Juan	Y, si te importa, levantaré esos pilares.	
Don Gonzalo	Valiente estás.	
Don Juan	Tengo brío, y corazón en las carnes.	750
Don Gonzalo	Siéntate tú.	
Catalinón	Yo señor, he merendado esta tarde. Cena con tu convidado.	
Don Juan	Ea, pues, he de enojarme; siéntate, acaba.	755
Catalinón	¡Ay de mí!	
Don Gonzalo	También quiero que te canten.	

(Cantan.)	Adviertan los que de Dios juzgan los castigos tarde, que no hay plazo que no llegue ni deuda que no se pague.	760
Catalinón	¿Qué plato es éste, señor?	
Don Gonzalo	Este plato es de alacranes y víboras.	
Catalinón	Gentil plato para el que trae buena hambre. ¿Es bueno el vino, señor?	765
Don Gonzalo	Pruébale.	
Catalinón	Hiel y vinagre es este vino.	
Don Gonzalo	Este vino exprimen nuestros lagares. ¿No comes tú?	
Don Juan	Comeré si me dieses áspid a áspid cuantos el infierno tiene.	770
Don Gonzalo	Otra vez quiero que canten	

(Cantan la copla postrera.)

Catalinón	¡Malo es aquesto, por Cristo! Dime, señor, ¿no escuchaste la canción? Contigo habla.	775

Don Juan	Un hielo el pecho me parte.	
Catalinón	Come de este guisadillo.	
Don Juan	Ya he cenado; haz que levanten las mesas.	
Don Gonzalo	Dame esa mano no temas; la mano dame.	780
Don Juan	¿Yo temor? Toma. ¡Ay de mí, que me abraso! No me abrases con tu fuego.	
Don Gonzalo	Aquéste es poco para el fuego que buscaste, y así tienes de pagar las doncellas que burlaste.	785
Don Juan	A tu hija no ofendí, que vio mis engaños antes.	
Don Gonzalo	No importa, que ya pusiste tu intento.	790
Don Juan	Deja que llame quien me confiese y absuelva.	
Don Gonzalo	No hay lugar, ya acuerdas tarde. Las maravillas de Dios son, Don Juan, investigables, y así quiere que tus culpas a manos de un muerto pagues.	795

Don Juan	No me aprietes: ¡tente, tente!	
	Con la daga he de matarte;	
	mas ¡ay! que me abrasa el fuego,	800
	y serán golpes al aire.	
Don Gonzalo	«Ésta es justicia de Dios:	
	quien tal hace que tal pague.»	
Don Juan	¡Que me quemo, que me abraso!	
	¡Muerto soy!	
Catalinón	No hay quien se escape.	805
	¡San Panuncio, San Antón,	
	sacadme libre a la calle!	

(Tiran el carretón o se hunden.)

Salen el Rey, Tenorio, el Marqués de la Mota, Isabela, la Pescadora y acompañamiento.

Tenorio	Ya el Marqués, señor, espera	
	besar vuestros pies reales.	
Pescadora	Si Vuestra Alteza, señor,	810
	de Don Juan Tenorio no hace	
	justicia, a Dios y a los hombres,	
	mientras viva he de quejarme.	
	Derrotado le echó el mar;	
	dile vida y hospedaje,	815
	y pagome esta amistad	
	con mentirme y engañarme	
	con nombre de mi marido.	

El rey de Castilla	¿Qué dices?
Isabela	Dice verdades.
Marqués	Pues es tiempo, gran señor, 820
que a luz verdades se saquen,
sabrás que Don Juan Tenorio
las culpas que me imputaste
cometió, que con mi capa
pudo el cruel engañarme, 825
de que tengo mil testigos.
El rey de Castilla	¿Hay desvergüenza tan grande?

Sale Catalinón. Dichos.

Catalinón	Escuchad, oíd, señores,
el suceso más notable
que en el mundo ha sucedido, 830
y en oyéndolo, matadme.
Llegando Don Juan, mi amo,
a Sevilla antiyer tarde
y entrándose a retraer
en la iglesia donde yace 835
Don Gonzalo en el sepulcro
que el Rey mandó se labrase,
aguardando que la noche
para encubrirse llegase,
acertó a ver un letrero 840
que al Comendador delante
del sepulcro le pusieron,
que dice espera vengarse
del que, sin temor de Dios,
con alevosía tan grande 845

	le dio muerte, y él haciendo	
	burla, llegó a convidarle	
	que fuese a cenar con él,	
	y apenas pudo sentarse	
	a cenar, cuando a la puerta	850
	llegó, y para que no os canse,	
	después de cenar le dijo	
	que a su iglesia se llegase	
	luego la noche siguiente,	
	que él quería convidarle.	855
	Fue Don Juan, que nunca fuera;	
	pues, sin poder escaparse,	
	asiéndole de la mano,	
	comenzó el muerto a apretarle	
	diciendo: «Dios te castiga:	860
	quien tal hace que tal pague»;	
	y él diciendo, «que me abraso»,	
	murió, mas diciendo antes	
	que a Doña Ana no ofendió	
	que le conocieron antes.	865
	Yo arrastrando me escapé	
	de la iglesia y de tan grande	
	desventura.	
Marqués	Por loas nuevas	
	mil abrazos quiero darte.	
El rey de Castilla	Pues es ya muerto Don Juan,	870
	puede, Isabela casarse	
	con el Duque.	
El duque Octavio	Yo, señor	
	estimo merced tan grande,	
	pues está viuda Isabela.	

Marqués	Yo con mi prima.	
Batricio	Y nosotros	875
	con las nuestras, porque acabe	
	esta verdadera historia.	
El rey de Castilla	Y el sepulcro se traslade	
	desde aquí a San Juan de Toro,	
	para memoria más grande.	880

Fin de la comedia

Libros a la carta

A la carta es un servicio especializado para
empresas,
librerías,
bibliotecas,
editoriales
y centros de enseñanza;
y permite confeccionar libros que, por su formato y concepción, sirven a los propósitos más específicos de estas instituciones.
Las empresas nos encargan ediciones personalizadas para marketing editorial o para regalos institucionales. Y los interesados solicitan, a título personal, ediciones antiguas, o no disponibles en el mercado; y las acompañan con notas y comentarios críticos.
Las ediciones tienen como apoyo un libro de estilo con todo tipo de referencias sobre los criterios de tratamiento tipográfico aplicados a nuestros libros que puede ser consultado en Linkgua-ediciones.com.
Linkgua edita por encargo diferentes versiones de una misma obra con distintos tratamientos ortotipográficos (actualizaciones de carácter divulgativo de un clásico, o versiones estrictamente fieles a la edición original de referencia).
Este servicio de ediciones a la carta le permitirá, si usted se dedica a la enseñanza, tener una forma de hacer pública su interpretación de un texto y, sobre una versión digitalizada «base», usted podrá introducir interpretaciones del texto fuente. Es un tópico que los profesores denuncien en clase los desmanes de una edición, o vayan comentando errores de interpretación de un texto y esta es una solución útil a esa necesidad del mundo académico.
Asimismo publicamos de manera sistemática, en un mismo catálogo, tesis doctorales y actas de congresos académicos, que son distribuidas a través de nuestra Web.
El servicio de «libros a la carta» funciona de dos formas.
1. Tenemos un fondo de libros digitalizados que usted puede personalizar en tiradas de al menos cinco ejemplares. Estas personalizaciones pueden ser de todo tipo: añadir notas de clase para uso de un grupo de estudiantes, introducir logos corporativos para uso con fines de marketing empresarial, etc. etc.

2. Buscamos libros descatalogados de otras editoriales y los reeditamos en tiradas cortas a petición de un cliente.

www.ingramcontent.com/pod-product-compliance
Lightning Source LLC
Chambersburg PA
CBHW051653040426
42446CB00009B/1120